公共图书馆讲座实务

主　编:曹海英
副主编:牛淑娟　张毕晓

國家圖書館出版社
National Library of China Publishing House

图书在版编目(CIP)数据

公共图书馆讲座实务/曹海英主编. --北京:国家图书馆出版社,2017.8
ISBN 978-7-5013-6073-4

Ⅰ.①公… Ⅱ.①曹… Ⅲ.①公共图书馆—图书馆工作—研究 Ⅳ.①G258.2

中国版本图书馆 CIP 数据核字(2017)第 077755 号

书　　名　公共图书馆讲座实务
著　　者　曹海英主编　牛淑娟　张毕晓副主编
责任编辑　黄　鑫

出　　版　国家图书馆出版社(100034　北京市西城区文津街 7 号)
(原书目文献出版社　北京图书馆出版社)
发　　行　010-66114536　66126153　66151313　66175620
66121706(传真)　66126156(门市部)
E-mail　nlcpress@nlc.cn(邮购)
Website　www.nlcpress.com ——→投稿中心
经　　销　新华书店
印　　装　河北三河弘翰印务有限公司
版　　次　2017 年 8 月第 1 版　2017 年 8 月第 1 次印刷

开　　本　710×1000(毫米)　1/16
印　　张　9
字　　数　146 千字

书　　号　ISBN 978-7-5013-6073-4
定　　价　38.00 元

前　言

文化兴,则国兴。文化不仅是一个国家政治、经济、社会发展的重要组成部分,也是其发展的重要推动力量。公共图书馆作为公共文化服务体系的重要组成部分,在公共文化服务体系建设中,无疑承担着重要的任务,发挥着巨大的作用。

图书馆作为人类的知识宝库和文化产物,不仅仅是储存保管这些文化典籍的场所,更要宣传这些成果,使这些承载文化的结晶不再"沉睡"。2013 年 12 月 30 日,习近平总书记在中央政治局第十二次集体学习时就曾指出:"要让收藏在禁宫里的文物、陈列在广阔大地上的遗产、书写在古籍里的文字都活起来。""书不尽言,言不尽意",鲜活的讲座弥补了图书馆保存知识结构单一的缺憾。公共图书馆讲座作为一种直接面向社会公众的服务形式,是公共文化服务的重要内容。随着社会大众学习热情的空前高涨,公共图书馆讲座以其参与主体多元、信息传递高效、知识性兼具趣味性的优势,促进了公共图书馆功能的发挥,已然成为文化信息传播的一个重要平台和阵地。

但是,随着新技术、新观念、新需求的不断涌现,人们的学习习惯越来越呈现网络化、碎片化、多元化等特点,这种新的变化给公共图书馆讲座工作带来了新的转型要求。公共图书馆讲座如何继续保持长久的辐射力和影响力,引起了讲座组织者的进一步深入思考和探索。同时,在全国范围内,众多图书馆讲座由于受到资源、资金、经验等因素的影响,讲座工作发展参差不齐。这一情况也引起讲座组织者的高度关注和思考。

据目前所见史料,国家图书馆是全国率先开展讲座业务的单位,不同的业务部门针对不同的社会群体开展多项讲座服务工作。经过多年实践,讲座业务渐趋成熟,"文津讲坛""部级领导干部历史文化讲座"等多个讲座品牌在业内引起广泛关注。如同国家图书馆的诸多业务领域,讲座服务工作主要面向社会公众开展,无疑是国家图书馆承担部分公共图书馆职能的又一体现。尤其是"部级领导干部历史文化讲座",虽然面向固定的社会群体,但在组织管理、服务规范等多个方面,与公共图书馆有颇多可以互相交流、学习借鉴的地方。基于以上原因,2012 年,国家图书馆设立馆级科研项目"图书馆讲座科学管理和服务规范研究",通过对全国具有代表性的部分省、市级图书馆公益讲座(不包括香港、澳门特别行政区和台湾地区的图书馆讲座)的相关调研,并结合自身具体的工作实践,同时借助国内外管理学理论及图书馆管理理论的研究成果,对图书馆讲座管理进行了深入的理论研究。

为更好地开展讲座工作,将理论转化为实践,项目组决定结合“部级领导干部历史文化讲座”的多年实际工作经验,编撰一部理论与实践相结合的、具有实际操作意义的讲座实务图书。“部级领导干部历史文化讲座”自2002年元月开始,至今已有15年历史,截至2017年7月已成功举办252场。其服务对象主要是在京中央国家机关以及中央直属机关、北京市、解放军驻京单位的省部级领导干部。“部级领导干部历史文化讲座”积累了较为丰富的实际操作经验,拥有相对成熟的规范化体制。因此,希望本书能为业界同仁提供一些参考。

本书共五章,第一章介绍了公共图书馆讲座的历史、类型、特点等。第二章为讲座策划部分,对公共图书馆讲座的选题策划、品牌策划、宣传策划等内容进行了论述。第三章对公共图书馆讲座的组织及实施的工作内容、原则和方法等进行了论述。第四章从公共图书馆讲座管理的角度,论述了讲座管理的内涵、作用、管理要素及管理路径等。第五章论述了公共图书馆讲座面临的机遇、挑战和应对策略等。

本书前言及第一章由张毕晓撰写;第二章由王艳撰写;第三章由牛淑娟撰写;第四章由曹海英撰写;第五章由张洁撰写。曹海英、牛淑娟、张毕晓负责全书统稿工作,并全面负责本书的庶务,包括书稿整理备档、联络出版等。在此,还要特别感谢国家图书馆卢海燕研究员对本书提出的宝贵意见和建议,以及孙阔对“视频库技术在图书馆讲座当中的应用”内容的编撰整理。由于才疏学浅,理论水平有限,书中定有疏漏和不当之处,敬请读者指正。

最后,感谢在课题研究之时以及在本书形成过程中给予支持的兄弟图书馆,为我们提供了大量数据。同时,对书中参考文献的相关作者一并表示感谢。

2017年7月

目　录

第一章　公共图书馆讲座概述

第一节　讲座历史

一、讲座的缘起

“讲座”亦作“讲席”，最早的意思是指“学者讲学或高僧讲经的座位”（《辞海》上海辞书出版社1999年版）。南朝梁宝唱《比丘尼传·宝贤尼》：“贤乃遣僧局卖命到讲座，鸣木宣令诸尼不得辄复重受戒。”《朱子语类》卷七十九：“（陆象山）于是日入道观，设讲座，说‘皇极’，令邦人聚听之。”可见，讲座最常见的场所是寺院，是佛教传经、讲经的常用形式。当前，我们所说的讲座，一般指“某种专门学科或某一专题的讲授，如科学讲座，专题讲座”（《辞海》同上）。

“讲座”源远流长，在国外，可追溯至古埃及时期的埃及亚历山大图书馆。亚历山大图书馆始建于托勒密一世（约公元前367—前283），盛于二、三世，是世界上最古老的图书馆之一。馆内收藏了贯穿公元前400—前300年时期的手稿，丰富的古籍收藏使得亚历山大图书馆曾经同亚历山大灯塔一样驰名于世。亚历山大图书馆保留了古埃及文明历程中大量的学术著作，聚集了所有可获得的源头知识，并把这些知识组织起来用于学术研究。它吸引着众多著名哲学家、文学家、科学家和研究者汇集于此，如哲学家埃奈西德穆，数学家、物理学家阿基米德等睿智圣贤均曾在此求学或讲学，进行知识创造、交流与传播，成为地中海沿岸科技创新的圣殿与文化繁荣的灯塔。

而当时的中国正值春秋战国时期，这一时期是中国古代历史上发生重大变革的时期，是由奴隶制向封建制转变的过渡时期，也是孔子、老子等诸子百家思想开始流传的时期。

由于社会生产力的发展，西周社会“学在官府”“官守学业”的局面被打破，私学开始兴起。在此过程中，孔子起到了开辟道路的作用。孔子30岁开始讲学，颜回、曾点、子路、冉有、子贡等都是他最早的学生。外出游历时，学生们也一起跟着去，随着影响越来越大，学生越来越多。“孔子以诗、书、礼、乐教，弟子盖三千焉，身通六艺者，七十有二人。”（《史记·孔子世家》）孔子提倡的“有教无类”，打破了“学在官府”的垄断局面，适应了“士”阶层的兴起及文化学术下移的历史潮流，其实质是要求将教育对象从贵族扩大到广大平民，这是中国古代教育史上具有划时代意义的大事。

《庄子·杂篇·渔父第三十一》说：“孔子游乎缁帷之林，休坐乎杏坛之上。弟子读书,孔子弦歌鼓琴。”“杏坛”实际是指“孔子讲学的地方”。后来,“杏坛”便被泛指聚众讲学的场所。

同一时期的墨子也曾办过私学,规模和影响也很大。其他如道、法、名、农、纵横家也都聚徒讲学,都有自己的主张,直接推动了各种学派的发展,行成诸子峰起、百家争鸣的局面。此后,设坛讲学之风绵延不绝,兴起于唐代,形成于宋代的书院,即起源于私人讲学。

唐末至五代期间,战乱频繁,官学衰败,许多读书人避居山林,模仿佛教禅林讲经制度创立书院,形成了中国封建社会特有的教育组织形式——书院。

最早的官办书院开始于唐朝,唐玄宗开元六年(718),设丽正修书院;开元十二年(724),在东都洛阳明福门外设丽正书院。唐代的书院是藏书、校书的场所,相当于图书馆或博物馆。

宋以后科举考试盛行,成为科举考试附庸的官学教育更趋于形式化,造成了人才的危机,由此形成了新的理学教育思潮,一些著名的理学家和知名学者,效法佛教徒于山林名胜之地修习讲经,遂有人慕名前来求教。逐渐地,这一形式在传统的私人授徒、家学,具备充分的藏书基础,以理学教育思潮推动下,出现了一种高于蒙学的高级的教育组织形式,即宋代的精舍和书院。书院的山长(院长)或主讲,往往是知名学者或是某个学派的大师,如修复白鹿洞书院的朱熹,创建象山书院的陆九渊等。

宋代盛行“会讲”,成为书院讲学的重要方式,类似今天的学术讨论会,但没有固定的形式和组织。如南宋淳熙年间,陆九渊曾在朱熹主持的白鹿洞书院讲君子小人喻义利一章,听者泣下;南宋乾道三年(1167),朱熹到访岳麓书院,与张栻论学,举行了历史上有名的“朱张会讲”,前来听讲者络绎不绝,时人描绘“一时舆马之众,饮池水立涸”。这次会讲,推动了宋代理学和中国古代哲学的发展,使岳麓书院声名远扬。

到了元朝,书院制度更为兴盛,专讲程朱之学,并供祀两宋理学家。

明代,书院从“会讲”发展为“讲会”,即将会讲制度化,形成组织,并订立会约,类似今天的民间学会,民间学术研究团体。

那么,讲座真正与图书馆产生关联则是近代中国封闭的藏书楼向开放的民众图书馆发生转变之后,并经历了萌芽、起步、探索、推广、快速发展五个阶段。

二、公共图书馆讲座发展历程

公共图书馆讲座是指公共图书馆组织的，由主讲人和听众共同参与和交流的文化活动，具有公益性、公开性、大众性等性质，是图书馆教育职能的拓展和延伸。

（一）萌芽

19世纪末、20世纪初是我国公共图书馆的建立时期。受西方文化思想和政治制度的影响，许多具有民主思想的有识之士，主张学习西方先进的科学文化和制度。在这种巨大的民主浪潮中，面向大众的图书馆应运而生。1904年，湖南绅士魏肇文、梁焕奎、龙绂瑞、谭延闿等发起募捐，经当时湖南巡抚赵尔巽批准，在长沙定王台建立我国第一所图书馆，全名为"湖南图书馆兼教育博物馆"。此后，图书馆如雨后春笋般在全国各地建立，并呈现繁荣的局面。1906年，黑龙江省图书馆创建。1907年，奉天图书馆建成。同年，江南图书馆成立。1909年，河南省图书馆正式开馆，陕西省图书馆开办，京师图书馆奏请成立并于1912年对外开放。1910年，美国传教士韦棣华克服重重困难，在武昌开办的"文华公书林"为外国人在我国创办图书馆之始。"从清末到民国二三十年代，我国图书馆事业已经初步形成良好的发展格局：公共图书馆和学校图书馆并列，官办图书馆与私人图书馆共存。"[①]五四运动以后，图书馆事业逐渐形成，全国各地创办了许多新型的图书馆。"至1925年，全国公共图书馆达259所，占全国图书馆总数的51.6%。"[②]"据教育部统计，至抗日战争前夕，中国各类型图书馆总数达到3176所。"[③]

自中国第一个公共图书馆建立，开放的精神便得到倡导，图书馆成为输入文明、开启民智、传播新知、提高国民素质的公益性社会文化教育机构，成为广大民众求知求学的场所。中国近代图书馆建立时期，也是公共图书馆讲座的萌芽阶段。由张元济等人于1887年创办的通艺学堂的图书馆章程中就提到了举办读者讲座的内容。而这一时期的讲座以讲堂、读书会的形式出现，主要是提供一个探讨、议论的场所。如著名思想家、教育家蔡元培，为实

---

① 龚蛟腾. 清末至民国图书馆事业的勃兴与繁荣（上）. 青年图书馆学家论坛，2011(1).

② 国家教委高教司编. 中国图书和特色馆史教学大纲. 北京：高等教育出版社，1996.

③ 陈源蒸等编. 中国图书馆百年纪事（1840—2000）. 北京：北京图书馆出版社，2004.

践他“图书馆是一个重要的社会教育机构”的主张，在1901年担任嵊县（现为嵊州市）剡山书院院长的时候积极革新藏书制度，开设公众讲座，把每个月的房、虚、昂、星四日作为特别讲期，邀请社会人士讲习，这一公开讲习形式即现代图书馆讲座的雏形[①]。再如，由美籍华人韦棣华女士于1910年创办的被誉为中国第一家公共图书馆的武昌“文华公书林”也非常重视宣传图书馆的功用，每周六、日都举行音乐会、讲演会，并向公众赠送讲演券和办理阅览证，用以吸引读者，扩大影响，“文华公书林”还订立了专门的关于公共讲座的制度。由邮政职工陈独醒捐资创办的私立浙江流通图书馆，其馆务除了文献流通，另一大块就是宣传，劝人读书，而劝人读书的方法之一就是露天演说。陈先生认为露天演讲“可以见人易辞，随机应变，并且可以发言中肯，比之刻版式的文字，当然要远胜多多。所以凡是图书馆，理当注重这项工作”[②]。1920年，章太炎在长沙演讲数日，并下榻定王台湖南图书馆内[③]。1933至1934年，章太炎在苏州公园的图书馆（即苏州图书馆，后改称吴县图书馆），先后演讲20余次，盛况空前。民国年间，云南省图书馆多次举办学术演讲。这一时期的讲习会、研究会、学术演讲都具有讲座的性质。

民国时期我国各高校也普遍开设讲座。蔡元培出任北京大学校长期间，支持北大开设各类讲座，李大钊、袁同礼、马衡、毛准、严文郁等几任图书馆馆长都曾亲自在北大主讲，听者众多。

（二）起步

1949年新中国成立后，对原有图书馆的接管和改造，开创了图书馆事业的新局面。

新中国各项事业的建设，为图书馆事业的发展提供了良好的社会环境，图书馆积极适应形势的需要，通过举办展览、讲演会、报告会等形式拓展社会服务。以国家图书馆（时称北京图书馆）为例，1953年，国家图书馆开始举办讲演报告会，全年共举办19场，内容涉及政治、科学、文史等方面。郭沫若、艾青、何其芳等学者专家曾莅临演讲，受到读者的热烈欢迎，听讲人数由最初的

---

① 蔡彦. 研究学术开通知识——中国图书馆讲座的百年历程. 四川图书馆学报，2010(4).

② 陈独醒. 图书馆为什么要劝人读书. 杭州：私立浙江图书馆发行，1931.

③ 李婷，陈韶华，王旭明. 省级公共图书馆以讲座服务读者之思考. 全国公共图书馆讲座工作论文集，2010.

400余人逐步增长，人数最多的一场达到1700余人，在公共教育方面起到一定的作用，开创了图书馆讲座的先河。湖北省图书馆在新中国成立初期，举办了以时事政治为主题的报告会。天津图书馆“海燕文学评论社”举办的文学评论讲座，也产生了一定的影响。江西省图书馆于1960年举办了“如何搞好一种三养”报告会，请农业科技人员向听众讲授种植养殖方面的知识和技能。由于这些讲座都是以不定期的形式存在，尚没有纳入图书馆的常规业务，因此这个阶段应该算是公共图书馆讲座的起步阶段。

“文革”时期，图书馆事业和其他行业一样，受到了严重破坏，直到1976年，图书馆事业开始恢复。

（三）探索

1978年，在改革开放的背景下，图书馆事业逐步步入正轨，讲座也在图书馆陆续开展。1978年，上海图书馆从满足市民迫切了解社会改革信息的需求出发，开办了不定期的大型宏观信息讲座，内容以政治理论、时事形势、经济信息为主。1979至1986年，北京图书馆顺应历史发展潮流，陆续开办讲座，如1979年12月12日，邀请著名作家丁玲与读者见面，丁玲向读者介绍了作品《杜晚香》；1980年6月21日，举办罗章龙主讲的“回忆少奇同志早期革命活动片段”报告会；1980年8月30日，举办周汝昌主讲的“关于《红楼梦》的情节与结构”报告会等。1987年，北京图书馆一期新馆建成，一些现代化的报告厅、教室及教辅设备相继投入使用，使北图讲座活动的质量和环境进一步提升。同年10月21日，“软科学系列讲座”开讲，钱学森作导言报告，任继愈先生主持讲座；1988年3月4日，与北京市历史学会联合举办的“华夏人物”系列讲座开幕，共分18讲。至20世纪末，国家图书馆（1998年12月12日，经国务院批准，北京图书馆更名为国家图书馆）的讲座始终保持平稳发展的态势。

这一时期，全国陆续有公共图书馆开展了讲座活动，如广州图书馆于1982年9月举办了“中外名曲欣赏讲座”，受到读者的热烈欢迎。湖南图书馆举办的“湘图讲坛”，自1984年起，每年举办讲座30余次。此外，20世纪80年代，福建省图书馆开展了讲座活动，金陵图书馆在双休日推出了讲座。20世纪90年代，开展讲座的图书馆陆续增多，如云南省图书馆举办的“春秋十讲”（1994），佛山市图书馆举办的“南风讲坛”（1995），吉林省图书馆举办的“休闲时光话读书”系列讲座（1995），山西省图书馆讲座（1999）也都在一定区域产生了较大的影响。在此阶段,讲座工作开始走向定期化、系列化,逐步成为图书馆的读者服务工作之一。

(四)推广

新世纪以来,随着我国社会经济的快速发展,社会公众对精神文化的需求迅速增长,图书馆发展也进入到一个新的时期。《中华人民共和国国民经济和社会发展第十个五年计划》提出:国家要"加强图书馆、博物馆、文化馆、科技馆、档案馆和青少年服务设施建设",将图书馆位列"五馆一设施"的首位。这一时期,中央陆续出台了支持"公共文化服务体系"建设的若干政策。

图书馆发展有了制度和财政的保障,越来越多的公共图书馆开展了讲座业务。2000 年,无锡市图书馆"锡图讲座"创办;2000 年以后,厦门市图书馆举办的"周末知识讲座"每周举办一讲,形成了固定的周期;2001 年,济南图书馆开办讲座;同年 1 月,国家图书馆"文津讲坛"创办,任继愈先生主持了首场讲座;2002 年 1 月,国家图书馆承办的"部级领导干部历史文化讲座"正式启动,每月一讲;2002 年 4 月,浙江图书馆"假日讲座"创办,后更名为"文澜讲坛";2003 年 1 月,首都图书馆"首图讲坛 · 乡土课堂"创办;2003 年 11 月,武汉图书馆"名家论坛"创办;2004 年,佛山市图书馆"南风讲坛"成为佛山持续多年的文化品牌,得到佛山市委市政府的充分肯定,并开始和周边区县图书馆、社区图书馆、学校、企业等联动,举办流动讲座。

(五)快速发展

2005 年是公共图书馆讲座发展的转折点。2005 年 4 月,上海图书馆举办了全国图书馆讲座工作研讨会,就图书馆与讲座、讲座的策划与运作、图书馆讲座与城市文化建设、图书馆讲座优秀案例剖析、讲座管理与品牌塑造五个方面作了专题研讨,取得了共识。2005 年 12 月 27 日,"全国农村文化服务工作经验交流会暨文化馆改革与发展座谈会"和"公共图书馆讲座工作会议"在广州佛山召开,佛山市图书馆讲座的公益性质获得一致认可,确定了图书馆公益性讲座的定位。同年,文化部牵头召开了"全国图书馆讲座工作研讨会"和"全国公共图书馆讲座工作会议"。在此推动之下,以普及知识、提升素养为宗旨的各类型讲座如雨后春笋般在全国各地迅速开展起来。从此,公共图书馆讲座进入繁荣时期,大部分副省级以上公共图书馆和部分地县级图书馆,开展了讲座活动,并不断发展壮大。现已形成京津地区、长三角地区、珠三角地区、东南沿海地区、东北地区等多个图书馆讲座活跃区域。公共图书馆讲座呈现良好的发展势头，产生了积极的效果。下表是 2012—2015 年间的公共图书馆数量及讲座统计：

序号	年份	公共图书馆（个）	公益性讲座			
			总量		比上年增长（%）	
			活动次数（万次）	参加人数（万次人）	活动次数	参加人次
1	2015 年①	3139	2.79	478	9.0	7.4
2	2014 年②	3117	2.56	445	8.1	0.9
3	2013 年③	3112	2.36	441	13.5	20.5
4	2012 年④	3076	2.08	366	18.4	15.8

从上表可以看出，近几年公共图书馆讲座一直保持在每年 2 万场次的水平，且持续稳步增长，公众参与度也越来越高。讲座也因其“立体”的学习形式，受到越来越多读者的喜爱，被誉为“家门口的有声图书馆”“永远的精神故乡”。

从公共图书馆讲座的发展历程来看，虽然起步有早有晚，但多经历了由报告会的初创探索到蓬勃发展，呈螺旋式上升的发展路径，且南北差异较大。一方面，讲座的兴起和蓬勃发展与我国经济的发展以及社会公众日益增长的多元文化需求密不可分。另一方面，反映了新时期图书馆服务职能的创新，办馆理念的变化，即从传统文献提供到服务职能逐渐多元、复合，使图书馆在保存人类文化遗产、传递情报信息功能外，开启引领公众学习和阅读之风，拓展和延伸了图书馆社会教育职能，树立了图书馆作为公益服务机构的良好社

① 数据来源于《中华人民共和国文化部 2015 年文化发展统计公报》http://zwgk.mcprc.gov.cn/auto255/201604/W020161230857240684580.pdf.

② 数据来源于《中华人民共和国文化部 2014 年文化发展统计公报》http://zwgk.mcprc.gov.cn/auto255/201505/W020150525608812349181.pdf.

③ 数据来源于《中华人民共和国文化部 2013 年文化发展统计公报》http://zwgk.mcprc.gov.cn/auto255/201405/t20140516_30294.html.

④ 数据来源于《中华人民共和国文化部 2012 年文化发展统计公报》http://zwgk.mcprc.gov.cn/auto255/201404/W020140421388597656885.pdf.

会形象。

第二节　讲座类型

目前,图书馆讲座内容丰富、形式多样,从不同的角度去看,可以有不同的类型。我们仅从讲座组织主体、讲座选题内容、讲座形式、讲座听众层级四个方面做以下分类。

一、从讲座组织主体分类

公共图书馆讲座,其组织主体是公共图书馆。但是,或因图书馆自身能力有限、或因讲座业务发展的需要,公共图书馆讲座组织主体已经突破了图书馆自身,开始向社会蔓延。因此,当前的公共图书馆讲座以讲座组织主体为依据,可以分为独办型讲座、合办型讲座、联盟型讲座。

(一)独办型讲座

独办型讲座是指公共图书馆利用自己固有的资源(包括人力、物力、财力等)面向社会公众开办的公益性讲座。完全的独办型讲座并不多,因为公共图书馆自身存在着经费、师资等方面的资源限制,即便能够筹集到充足的讲座经费,但自有师资难以满足公众对讲座选题的多样化需求。国家图书馆的文津讲坛可以说是独办型讲座的典型,自 2001 年创办以来,一直由国家图书馆承担讲座所有的物力、财力保障,讲座选题和师资也一直都是由讲座工作人员自己策划和邀请。

(二)合办型讲座

如上所述,公共图书馆自身固然有非常丰富的读者资源,但也存在着经费紧缺、自身师资力量有限、宣传能力不足等多种制约讲座发展的因素,因此,公共图书馆应积极通过各种形式的合作办讲,突破自身资源有限的制约。

1. 与政府部门合作。当前各地政府都非常重视文化建设,积极打造文化名牌,公共图书馆应积极与政府部门联合举办公益性讲座,以获得充裕的经费保障,打造精品讲座。同时,还可以利用政府部门的影响力和组织能力,扩大讲座辐射面,向社会提供更加多元化的讲座服务。例如,浙江省的慈溪图书馆与慈溪市委宣传部合作，组织承办的“三北讲坛”是目前慈溪市规模较大、层次较高、听众最广泛的系列讲座。它旨在大力推进慈溪文化大市战略的实施，适应建设学习型城市和促进人的全面发展的需要，是丰富该市干部理论学习、市民社会教育和文化生活的社会化宣传文化工作的新阵地。“三北讲坛”邀请的讲师主要是江浙沪一带知名的专家学者，由慈溪市委宣传部主办并提供讲座经费，慈溪图书馆具体策划组织。由于主事者（市委宣传部）与操作者（市图书馆）的责权利分配明确，各方的积极性很高，因此“三北讲坛”在当地拥有很高的知名度①。

2. 与高等院校、科研院所合作。高等院校、科研院拥有着丰厚的师资资源和选题资源，恰好可以弥补公共图书馆在这方面的资源短板。例如，地处教育名省长春的吉林省图书馆、长春市图书馆在讲座启动前期，采取了一系列与本地高校联动的举措，通过高校推荐，邀请了不少学者开讲。再如佛山市图书馆通过与北京大学、中山大学、武汉大学、南开大学等省内外高校的联系，积极开展“佛山·珞珈山”“南风·南开”等高校名师系列讲座，把高校名师的文化、思想、阅历带给听众，深受市民群众欢迎②。

3. 与企事业单位、社会团体合作。公共图书馆讲座还可以选择与企事业单位、社会团体等机构合作，不仅可以取得经费支持，还可以获得充分的师资保障。例如，首都图书馆作为北京市属的大型公共图书馆，其开设的品牌讲座“首图讲坛”已经成为名副其实的社会大讲堂，2009 年，首都图书馆与故宫博物院合作，特别策划了“走近故宫”大型系列讲座，在长达 3 个月的时间里，10 位资深的故宫研究专家陆续做客首图，为广大“故宫迷”和传统文化爱好者提供了一个系统、专业、立体的视角，带领公众一起领略了这座中国古代艺术宫殿的恒久魅力。

4. 与图书出版经营单位合作。读者既是图书馆的服务对象，更是图书出版经营单位的“上帝”，作为“出书者”的出版单位和作为“藏书者”的图书馆，两者之间有着天然的联系和不可忽略的合作机会。例如，2009 年，浙江图书馆文澜讲坛与杭州某书店联合，邀请凤凰卫视首席评论员阮次山先生、清华大学经济管理学院教授韩秀云女士分别作了“世界金融风暴之后中国的大国角色”“金融海啸与我何干”的专题讲座。阮次山先生的睿智、韩秀云女士的

① 朱小燕. 公共图书馆讲座合作模式三例谈. 图书馆建设，2010(11).

② 王惠君主编. 基层图书馆公益讲座. 北京：国家图书馆出版社，2011.

激情给听众留下了深刻的印象。两场重量级讲座的费用都由书店承担，使浙江图书馆减轻了经费负担，而书店也在每场讲座之后的签名售书活动中获得了经济收益和社会影响，实现了双赢的合作①。

5. 与媒体合作。新闻媒体和公共图书馆都肩负着传播先进文化的重要使命，图书馆讲座的可持续发展离不开媒体的宣传和支持，加强与广播、电视、报纸、期刊等传统媒体，以及网络媒体、手机媒体、数字电视等新兴媒体的合作，不仅可以加大讲座的宣传力度，更有利于扩大公共图书馆的社会影响力。例如，中山市中山图书馆的“香山讲坛”从举办之初就得到报纸、电台等媒体的广泛关注与支持，《中山商报》每周都用大幅版面对“香山讲坛”进行报道和预告，电视媒体也对知名专家讲座进行跟踪采访报道，这些都使“香山讲坛”步入良性发展轨道，先进文化也获得更为广泛的传播，产生更大的社会影响。由于图书馆与当地媒体在传播先进文化方面目标具有一致性，双方的合作往往一拍即合，互助互补的关系十分融洽②。

（三）联盟型讲座

公共图书馆讲座虽然发展日趋成熟，但由于受地区经济、政治、文化事业发展不平衡等因素的制约，各馆在讲座业务发展方面也存在着水平不一、质量参差不齐等状况。为此，公共图书馆应积极利用地缘优势，寻求建立发展图书馆讲座联盟，以积水成渊、聚沙成塔的优势，创新图书馆讲座事业发展新模式。

1. 省内联盟

省内联盟是指各级公共图书馆在本省行政区域内组建讲座联盟，整合讲座资源、统筹讲座资金、培养专业队伍、谋求共同发展。2008 年 10 月在杭州召开的浙江省公共图书馆讲座工作研讨会上，正式成立了浙江省公共图书馆讲座联盟，联盟成员馆达 60 家。联盟成立后，努力培养专业的讲座工作团队，进一步开发讲师资源，积极寻求社会力量的支持，以浙江图书馆讲座品牌为龙头，依托一些地区发展较好的讲座，以联盟的形式，推进全省公共图书馆的

---

① 朱小燕. 公共图书馆讲座合作模式三例谈. 图书馆建设，2010(11).

② 关月红. 打造公共图书馆公益讲座服务品牌——以中山市中山图书馆“香山讲坛”为例. 图书情报工作，2013(S1).

讲座工作,努力缩小各地市、县级图书馆讲座工作发展的差距[①]。又如,2013年,江西公共图书馆讲座与展览联盟正式成立,各联盟成员秉承"服务大众、共谋发展"的宗旨,相互吸收优质讲座和展览资源,在全省范围内巡讲、巡展,组织推荐优秀讲座展览,联盟会员间通过出版、交换讲座图书、光盘、刊物等形式进行交流,促进讲座、展览资源利用。该联盟成立后,克服了以前讲座、展览资源少,财政投入不足,以及文化服务不均衡等问题,推动了公共文化服务体系建设。

2. 区域联盟

区域联盟是指为了让更多地区的讲座业务能够平衡发展,使讲座成果在更广泛的范围内传播,便于不同地区的公众能够享受均衡的文化服务,公共图书馆打破行政区划的限制,充分利用地缘优势,拓展区域讲座联盟发展的新模式。上海图书馆按照"上海辐射长三角"的总体发展战略,和讲座所遵循的"资源共享、优势互补、服务大众、共谋发展"的原则,以共同打造长三角城市讲座文化圈为宗旨,率先于2004年6月作为"长三角龙头"发起组织了"长三角18城市图书馆讲座资源共建共享协议"签约仪式,当即18个城市公共图书馆签约,共谋今后讲座资源共建共享的合作、发展[②]。2012年7月,湖南、江西、湖北三省公共图书馆联盟在武汉成立,联盟包括湘鄂赣335家省、市、县级公共图书馆,在文献共享、资源整合、学术交流等方面开展跨省域深度合作。2013年5月,安徽省图书馆加入湘鄂赣皖(中三角)四省公共图书馆联盟,使联盟总服务人数达到2.3亿,跨越四省423家省、市、县级公共图书馆。当月,四省联盟举办了"四学者共话屈原"的讲座。湖南学者孟泽、湖北学者安德义、江西学者方志远、安徽学者钱斌,上演"中三角"四省学者联谈,共话四省历史文化名人的盛况。

3. 全国公共图书馆讲座联盟

全国公共图书馆讲座联盟是于2010年12月在国家图书馆举办的"全国图书馆创新服务工作座谈会"上宣告成立的,旨在以讲座联盟为载体,实现全国公共图书馆讲座业务的共同发展。具体措施包括:搭建全国公共图书馆讲

① 陈瑛.公共图书馆讲座联盟的探索——以浙江图书馆实践为例.图书馆建设,2010(6).

② 朱军.长三角地区公共图书馆讲座资源共建共享与发展.图书馆工作与研究,2010(4).

座资源共建共享平台；推广有地区影响力的讲座，打造有行业代表性的文化品牌；注重讲座成果整理和衍生品开发，扩大讲座的社会影响等。据统计，联盟目前共有省级成员馆 33 家，地市级馆 43 家。联盟积极开展讲座资源共建共享，通过各类活动和合作项目，扩大讲座活动的社会影响力，发掘图书馆社会教育潜力，满足人民群众日益增长的精神文化需求。

二、从讲座内容分类

图书馆公益讲座不仅数量多，而且内容丰富多彩。从内容上进行区分，公共图书馆讲座有如下分类："一是文学艺术类型，如名家解读名著、音乐欣赏、美术作品欣赏、文物欣赏等。二是科学普及类型，如相约健康、世界地理、天文知识等。三是政治历史类型，如部级领导干部历史讲座、文津讲坛、台海局势等。四是经济法律类型，如经济学家论坛、市民与法等。五是国际关系类型，如中美关系、中日关系、中俄关系、中法关系、中英关系等。六是时尚话题类型，如中学生讲坛、职场指导、公关礼仪等。七是地方文化类型，如乡土课堂、都市文化、文澜讲坛等。"①

根据分类，听众可以一目了然地了解讲座信息，快速找到自己感兴趣的讲座。譬如：目前，上海图书馆的讲座已形成了时政热点、经济金融、文史艺术、科技教育、生活健康、社会法律六大板块 18 个系列；南京图书馆讲座形成了涵盖政治、经济、文化、教育、科技、军事、历史、生活等八大板块。长春市图书馆讲座已形成传统文化、关东讲坛、健康养生、财经漫谈、阅读论坛、文艺赏析、社会热点、素质教育、科普空间、生活百科等 10 个系列。辽宁省图书馆讲座涉及的内容有历史知识、文艺欣赏、家庭教育、行为科学、健康心理等。陕西省图书馆"陕图讲坛"讲座内容涉及阅读求知、人文历史知识、心理健康教育、法律知识等方面。可以说，各馆举办讲座的内容都各具特色，基本满足各类人群的文化所需。

三、从讲座形式分类

近年来，各地、各类型的图书馆都在不断提升讲座水平，深化讲座服务工作，从重视内容规划、契合用户需求、丰富讲座形式等方面优化图书馆讲座服务。

---

① 吴玉杰. 论图书馆讲座及其作用. 哈尔滨职业技术学院学报，2008(3).

按照表现形式,图书馆讲座有馆内讲座、流动讲座、巡回演讲、网络视频讲座等。

馆内讲座是比较常见讲座方式,其形式除了讲座惯常的"讲师讲、听众听"的传统模式外,为了提升讲座趣味,活跃讲座氛围,激发听众的参与热情,图书馆还丰富演讲形式,如开展了演讲式、赏析式、对话式、访谈式、讨论式、演讲与艺术表演相结合、演讲与展览相结合等。

流动讲座是指讲座除了固定在图书馆本馆内举行,还深入到其他单位和基层流动开展,如学校、农村、社区、工厂等进行的讲座。流动讲座的模式是通过变换讲座地点、增加讲座频次将定点讲座带到更多市民百姓身边,扩大受众范围。

巡回演讲是指多家图书馆合作进行的讲座。如2014年,湖北省图书馆举办"湘鄂赣皖四省图书馆联盟巡回讲座",产生较大的影响。

网络视频讲座是指利用公共图书馆网站,通过网络平台提供讲座服务,它是实体讲座的数字化和网络化传播。国家图书馆"国图公开课"就是网络视频的讲座形式。

四、从讲座听众分类

在确定讲座的主题时,对具体的某一场讲座而言,不一定要面面俱到,让每个人都愿意接受,但一定要有它的听众群,因为"图书馆讲座的听众类型多种多样,可以是研究型、学习型,也可以是释疑型、消遣型。"[①]因此,在确定讲座选题之前,首先要对讲座的受众类型进行分类,大致可分为大众类、学生类、专业人士类、领导干部类、少儿类等。

大众类讲座。内容最广泛,大到国家大事、历史溯源,小到育儿保健、生活常识。这类讲座更倾向于向大众普及基本常识,内容紧贴百姓生活、紧随当前大众热点,讲述方式要求深入浅出,力求即使文化水平较低的听众也能明白所讲内容,并有所收益,以做到传播新知、开启民智。如上海图书馆开展的"城市教室"。

学生类讲座。此类讲座多为高校图书馆举办,内容方面会根据学校专业特色及学生需求而定。此类讲座以讲座为平台,实现对学生指导性、素质性

① 邹淑红.公共图书馆讲座选题探析——以大连市图书馆白云书院开展文化讲座为例.河南图书馆学刊,2009(2).

的课外教学，是学生课外教育的又一选择，也是适应社会发展的需要。此类讲座的举办不仅使学生触及并学到课本以外的知识，也增强了学生对图书馆的依赖感，同时也真正说明图书馆是终身教育的课堂。另外，还有一些少儿启蒙类讲座，承担了提高少年儿童思想道德修养和文化知识水平的任务。比如厦门市少儿图书馆周末公益知识讲座就是少儿读者活动的重要组成部分，具有知识传播、文化传递和营造社会阅读风气等多方面的作用①。

专业人士类讲座。此类讲座针对性强，对听众素养要求高。讲座的内容具有较强的学术性、知识性和前瞻性。一般而言，此类讲座以听讲者的专业需求为出发点，紧跟国内外专业研究动向，紧密联系并配合实际工作及科研任务。

领导干部类讲座。这类讲座对象基本上是各级领导干部，因此讲座内容要结合党和国家工作的重点以及领导干部关心的热点问题，选取人类发展进程中重要历史时期、重大历史事件、重要历史人物和中外有代表性的优秀文化，博观约取，立体规划选题。例如，由中央国家机关工委、文化部、中国社会科学院主办，国家图书馆承办的“部级领导干部历史文化讲座”，创办于2002年元月，利用周末时间，每月一次，主要服务于在京副部级以上领导干部。截至2016年底，已举办243场，内容涵盖了中外历史、哲学文化、民族宗教、文学艺术、时事政治、社会经济等，出席的中央国家机关以及中央直属机关、北京市、解放军驻京单位的省部级领导干部达两万余人次，已成为部级领导干部业余学习的重要阵地和有效载体。同样，2007年山西省图书馆在省委组织部、宣传部，中共山西省直属机关工作委员会，山西省文化厅的支持下，开设了“文源讲坛·山西省领导干部历史文化讲座”，这是山西省图书馆继“文源讲坛·星期日讲座”“网上公益课堂”“暑期中学生讲座”等系列讲座之后奉献给省城广大领导干部的又一个品牌服务②。通过与山西省党政机关合作，山西省图书馆“文源讲坛”在业内树立了良好的品牌形象和口碑，成为山西省公共文化服务的重要窗口和平台。

少年儿童类。少年儿童图书馆是我国公共图书馆的重要组成部分，一些

---

① 陈莉. 厦门市少儿图书馆周末公益讲座的现状与发展. 福建图书馆理论与实践，2013(3).

② 李红，石焕发. 文源讲坛·山西省领导干部历史文化讲座综述. 晋图学刊，2009(6).

少儿图书馆在服务小读者的同时，紧跟形势并根据读者的需求，开展了各类有针对性的丰富多彩的讲座活动，已成为少儿图书馆传播知识、传递文化、延伸服务的一种主要方式。如上海少年儿童图书馆开展的“少图讲堂”，深圳少年儿童图书馆的“小孩子与大世界”讲座，厦门市少年儿童图书馆开展的周末公益讲座，武汉市少年儿童图书馆的“童窗讲坛”，长春市少年儿童图书馆的品牌讲座，大连市少年儿童图书馆举办的“安全自护自救”家长沙龙讲座，均受到社会各界的广泛关注。另外，大连市少年儿童图书馆每月举办讲座，力争为本市初中生及家长提供更多有益服务。国家图书馆少年儿童馆开办了“文津少儿讲坛”，多次举办适合少年儿童的讲座。这些讲座的举办，拓展了公共图书馆讲座的服务范围，取得了良好的社会效益。

第三节　讲座特点

公共图书馆讲座工作的普遍兴起反映了新时期图书馆服务职能的创新——社会教育职能的崛起、拓展和延伸，使图书馆在保存人类文化遗产、传递情报信息功能外，开启了引领学习和阅读之风，树立了图书馆作为公益服务机构良好的社会形象。讲座工作呈现以下特点：

一、坚持公益性

《图书馆服务宣言（2008）》第一条“图书馆是一个开放的知识与信息中心。图书馆以公益性服务为基本原则，以实现和保障公民基本阅读权利为天职，以听众需求为一切工作的出发点”。公共图书馆讲座始终遵循了这一原则，免费向社会各界开放，无论男女老少，均可听讲，体现了公益、平等和互动等特点，将知识性和思想性、学术性和普及性相结合，日益成为一种生动的文化、思想交流和沟通的平台，成为公众参与文化、享受文化、增强文化素养，获取知识信息的有效途径之一。

二、选题多元化

讲座的选题和内容在讲座中颇为重要，关系到讲座的质量和成败。各图书馆十分重视讲座选题的策划和内容的把握，选题范围十分广泛，注重时代热点，兼顾地方文化特色，多形成系列和规模。如“上图讲座”已形成时政热点、经济金融、文史艺术等18个系列；南京图书馆形成了政治、经济等8大板块；大连图书馆创立了“白云书院传统文化系列”“市民文化系列”“大连地方文化系列”，讲座内容互为补充。

三、形式多样化

作为一种立体阅读模式，公共图书馆讲座打破了课堂式的封闭空间，具有鲜明的开放性，取得了较好的效果。讲座形式呈现多样化，有一人主讲、二人或多人主讲、访谈与演讲结合、沙龙与讲座结合、展览与讲座结合、讲座巡讲团巡讲、专题研习小组、公开课等多种形式，并辅以多媒体设施，使讲座更加生动、立体。一些图书馆还将阵地讲座与延伸讲座相结合，扩大讲座的影响力。

四、讲座品牌化

讲座品牌是一种文化品牌。各馆在举办讲座实践中需定位准确、特色鲜明，注重讲座品牌打造，陆续形成富有影响力的讲座品牌，提升图书馆的认知度和美誉度。如国家图书馆的“文津讲坛”“国图讲坛”，上海图书馆的“上图讲座”，浙江省图书馆的“文澜讲坛”，吉林省图书馆的“长白讲坛”，佛山市图书馆的“南风讲坛”，山东省图书馆的“大众讲坛”，黑龙江省图书馆的“龙江讲坛”，南京图书馆的“南图讲座”，大连图书馆的“白云书院”等，均成为当地乃至全国的知名文化品牌。

五、宣传多渠道化

公共图书馆讲座是开展公共文化服务的一项重要内容。为扩大讲座的影响，各馆在做好讲座的策划、组织工作的同时，利用传统媒体和新兴媒体等多种方式进行宣传推广，使更多的听众参与到讲座中来，聆听专家、学者的精彩演讲，从中受益，进而也提高了讲座的影响力和知名度。

六、创办联合化

一些图书馆与政府机关等资源型机构以及社会力量合作办讲座。通过合作，使图书馆公益讲座在选题策划、内容把握以及宣传和推广等方面获益良多，在一定程度上推动了讲座的创新和发展。如上海图书馆利用政府部门的资源优势和权威效应，先后与上海市人大常委会培训工作委员会、上海市金融服务办公室、上海世博会事务协调局合作开展讲座，取得了非常好的效果。吉林省图书馆于2005年与吉林省社会科学界联合会联合创办了“吉林社科讲坛”,从根本上解决了“请人难”的问题。

七、衍生品系列化

对讲座衍生品的开发可以深化讲座服务成果。讲座衍生产品一般包括图书、视频光盘、宣传折页等。很多公共图书馆在打造讲座品牌的同时,推出系列图书或光盘,不仅为公共图书馆积累了可供开发的文化资源,更进一步提升了图书馆的服务潜能。

八、讲座资源共享

由于各地公共图书馆讲座的资源分布不均衡,导致公共图书馆讲座工作的开展不是很均衡,建立讲座联盟已成为共识。2005年,在文化部全国文化信息资源建设管理中心、国家图书馆和上海图书馆的倡议下,全国近60家图书馆共同签订了《公共图书馆讲座资源共建共享协议书》。2009年,浙江省公共图书馆讲座联盟成立;2010年12月16日,全国公共图书馆讲座联盟正式成立;2013年,“湘鄂赣皖四省图书联盟”成立,2014年,湖北省图书馆举办“湘鄂赣皖四省图书馆联盟巡回讲座”,产生较大的影响;2014年5月,由重庆图书馆牵头成立了“重庆市公共图书馆讲座展览联盟”,已吸纳全市26个区县公共图书馆积极参与,该讲座展览联盟实现了文化资源和人才资源的互补共享,克服了基层大众享受文化成果失衡等问题。可见,加强合作,形成文化发展合力,实现讲座资源共享,是图书馆做大做强公益讲座的保障,既可以使讲座资源得到充分利用,也可以使讲座的服务不断延伸,带动基层公共图书馆讲座事业的发展。

第四节　讲座作用

如果衣食住行是人类不可或缺的物质需求的话,那么,随着人类社会文化素养的提高,人们对知识的渴求已成为精神需求中最重要的组成部分。公共图书馆作为精神给养的提供者、培育者,在人类文明进程中发挥着不可替代的作用。

一、传承文明，传播先进文化

公共图书馆在引领社会文化思潮、构建社会文化体系、传承世界文明成果中具有重要的积极作用。讲座以其参与主体多元、信息传递高效、兼具知识性和趣味性的优势，促进了公共图书馆功能的发挥。

（一）公共图书馆收藏的珍贵文献资源是历史最真实的记录和反映，可以通过讲座盘活这些资源的现实价值，使其以更加鲜活的面孔呈现在公众面前，让历史成为活跃在当下的记忆。

（二）通过公共图书馆搭建的讲座平台，各个领域的专家学者以渊博的学识、清晰的逻辑、广阔的视野、睿智的语言、独特的视角，为读者解读人类演化过程中文明积淀的丰厚成果，考察过往、论及将来，开展积极有效的文化教育。

（三）人类文明的最新研究成果只有走进公众，接受社会的检验，才能最终得到认可与传播。公共图书馆正是通过讲座这一平台，为学者与公众之间搭建学术交流、成果传播的平台，彼此之间通过思想的对话、观点的交锋、智慧的碰撞、理念的探讨、经验的交流，共同促进研究成果的成熟和完善，最终在社会得以传播和推广。

（四）讲座通过一段时间的运转，必然累积丰厚的讲座资源，公共图书馆可以充分利用这些资源优势，积极开发各种类型讲座衍生产品，通过图书、光盘、网络视频、电视讲座等多元化的形态，推进讲座成果在更宽、更广的范围内传播。

二、打造终身教育学堂

终身教育的概念是由联合国教科文组织成人教育局负责人郎格朗于1965年在联合国教科文组织召开的国际成人教育促进会上的总结报告中提出的，“教育并非终止于儿童期和青年期，它应伴随人的一生而持续地进行。教育应当借助这种方式，满足个人及社会的永恒要求。”这种思想一经提出就受到国际社会的极大关注，许多国家把它列入国家发展的战略，并以立法加以保证①。如今，终身教育已成为人们社会文化生活的重要组成部分，成为人们不断充实自我、完善自我的需求。

公共图书馆历来被誉为公民终身教育的学堂，其社会教育职能是学校教

① 顾明远. 形成全民学习、终身学习的学习型社会. 求是，2003(4).

育的补充。公民在完成了学校教育之后，如果继续获得教育，途径多种多样，众多的社会培训机构、丰富多彩的网络课程、浩如烟海的各类书籍等都是不错的选择，而公共图书馆作为社会教育的选择之一，相较于其他社会教育途径而言，最大的优势在于开放性、公益性、服务性，是人们追求知识、拓宽视野、完善自我的重要阵地。公共图书馆讲座作为公共图书馆的服务之一，向社会公众敞开了学习的大门，没有门槛的制约，不受课本限制，没有学制与学分的要求，更没有考试和论文答辩的压力，听众可以根据各自的兴趣爱好各取所需，聆听专家学者的演讲，与专家学者进行近距离的交流。这种学习模式有助于推动听众在专家学者的引导之下，开启终身学习之路。

三、阅读推广，建设最美书香社会

2015 年 3 月 5 日上午，第十二届全国人民代表大会第三次会议在人民大会堂开幕。国务院总理李克强作政府工作报告时指出，要让人民群众享有更多文化发展成果，倡导全民阅读，建设书香社会。这是继 2014 年政府工作报告中提出“倡导全民阅读”后，第二次将全民阅读写入政府工作报告，并在报告中首次提出建设书香社会。在推动全民阅读的过程中，图书馆讲座在建设书香社会方面无疑发挥着重要的作用。

（一）开办阅读讲座、引导公众如何阅读

当下阅读的缺失是因为有些人没有找到的阅读定位，也就是说个体阅读需求不明确；还有一些人是没有阅读兴趣，缺乏阅读习惯。对于这两种不同的情况，公共图书馆应借助讲座平台，举办有关培养阅读习惯、选择阅读类型、训练阅读技巧等多种主题的讲座，引导读者感受阅读的魅力，享受阅读的乐趣，并逐步形成阅读的习惯。

（二）配合新书发售，拉近作者听众距离

从市场的角度来看，知名作家、学界精英、社会名人的新书发售，往往能引发新一轮的阅读热潮。公共图书馆可以在新书发售时期，举办专题讲座，邀请作者面对面地与读者交流新书写作历程或者心得，以名人效应引导读者的阅读兴趣，促进阅读推广。

（三）举办阅读分享，提供读者交流平台

阅读是一种个体活动，个体在阅读的过程中往往会产生各种心得和感受，并且有分享和交流的欲望。公共图书馆可以在对读者需求进行调研的基础上，定期举办各种类型的阅读分享讲座，搭建读书平台，一方面组织专家学者分享自己的阅读、研究心得，另一方面推进读者之间的阅读交流，营造阅读氛围。

四、传播知识，构建城市文化生活

公共图书馆是一个城市的文化名片，不仅保存和记录着市民在城市发展进程中的文化生活印记，同时也向外界展示着一个城市的文化积淀、文化内涵和文化发展水平。公共图书馆作为城市文化基础设施的组成之一，是城市公共文化建设的重要阵地，发挥着提高城市居民文化素质的重要作用。公共图书馆以其开放性、公益性、全面性等特征，为市民自由、平等地获取文化信息提供了平台，市民无论年龄、性别、职业、收入、地位，都能平等地享受服务，维护自己的文化权利。

公共图书馆讲座更是一个开放的平台，为市民提供源源不断的知识给养，组织者的参与，主讲人的自由演说，听众的聆听、交流与互动，三者形成一个共同的文化活动主题，促使知识在不同人群之间流动和传播。作为城市文化生活的一个组成部分，公共图书馆讲座在内容设置方面可以更加贴近市民生活，突显城市人文精神，彰显城市文化魅力。

五、拓展服务，提升图书馆的社会影响

作为公共图书馆的重要业务之一，讲座组织者不断深挖资源，创新形式，提升服务，扩大宣传，以讲座的知识传播功能、社会教育功能、阅读推广功能、汇聚人心功能，改变着人们对图书馆的粗浅认识。毋庸置疑，讲座已经成为公共图书馆拓宽服务渠道、提升社会形象、树立服务品牌、参与公共文化体系建设、促进社会文明进步的有益探索。

第二章　公共图书馆讲座策划

第一节　讲座策划的概念

一、概念

策划一词最早出现在《后汉书·隗嚣传》中:“是以功名终申,策画复得。”原意是指计划、打算和谋划。《礼记·中庸》说:“凡事预则立,不预则废。”《孙子兵法》中提出:“多算胜,少算不胜。”也就是说,不论做什么事,事先做好准备,就能成功,不然就会失败。

到了现代,策划一词已被广泛地应用于经济、政治、文化、社会生活等各个领域,无论是商界、政界,集体和个人都离不开策划。图书出版、新闻宣传、企业形象设计、产品推广等等,更是将策划放到非常重要的位置。

中国策划学创始人陈放在其《策划学》一书中,对策划的定义是:“为实现特定的目标,提出新颖的思路对策即创意,并注意操作信息,从而制定具体的实施计划方案的思维即创意实施活动①。”这一定义颇受认同。可见,策划就是为实现特定的目标,围绕创意展开的思维和实践活动。

公共图书馆讲座策划,主要是指在充分调查研究的基础上,对未来一定时期的讲座工作进行前瞻性的设计和谋划,以期达到既定目标的创造性活动。讲座策划是讲座活动的起始环节,它将直接影响到讲座的实施与效果,是保证讲座质量、提升讲座水平、打造讲座品牌的重要因素。

公共图书馆讲座策划的范围很广,几乎涉及图书馆讲座的方方面面,贯穿于讲座的始终。其主要内容包括讲座的品牌策划、选题策划、形式策划和宣传策划等。

二、特点

图书馆讲座策划具有一般策划的共性,也有自己的特性。

1. 目的性。无论何种策划都有一定的目的性,策划过程即是减少无序和不确定的过程。图书馆讲座策划的目的,就是围绕讲座的宗旨和定位,对讲座的品牌、选题、形式、宣传推广等进行创意性的谋划,使讲座工作按照既定的目标前行。

---

① 陈放. 策划学. 北京:蓝天出版社,2005.

2. 前瞻性。策划作为一种事先的谋划，本身就具有超前性。讲座策划的超前性，不仅仅是一个“早”字所能代表的，它是建立在对图书馆讲座准确把握的基础上，做出的一种预见性的活动，因此要具有一定的前瞻性。

3. 创新性。策划的成功与否与创造性思维密切相连。许多精妙的策划是一种存乎一心的智慧。图书馆讲座策划是一种创造性的思维活动，应避免重复和老套，需要在已有的策划基础上加上新颖的创意，给人留下深刻印象。

4. 现实性。讲座策划不能脱离图书馆讲座的实际，脱离了实际，再超前的策划也如空中楼阁，难以实现。因此，在进行策划时，应立足本馆、本地的实际情况，在详尽调查和分析的基础上进行周密谋划，使各类策划方案切实可行，并分步实施。

5. 灵活性。图书讲座工作涉及的服务对象众多，环节繁杂，不确定因素也相对较多，因此，策划者在保持策划相对稳定的同时，应备有相关预案，使策划具有一定的灵活性，并根据具体情况及时调整。

第二节　讲座品牌策划

一、讲座品牌的涵义

品牌理论是广泛应用于经济领域的一种竞争优势理论，目的在于追求高知名度和高信誉。美国营销协会将品牌定义为：“一种名称、术语、标记、符号或设计，或者是它们的组合运用，其目的是借以辨认某个销售者或某群销售者的产品或服务，并使之同竞争对手的产品和服务区别开来。”①美国“营销学之父”美国西北大学凯洛格管理学院教授菲利普·科特勒认为，“一个品牌最持久的含义应是它的价值、文化和个性。”②可见，品牌是一种识别标志、一种区别于其他竞争者的产品和服务、一种价值理念，并附加和象征了一定的文化内涵。随着社会经济的发展，人们对品牌的认知度越来越高，品牌的概念已不仅仅局限于经济领域或营销范畴，它已经渗透到了政治、经济、文化、艺术等社会生活的各个方面。人们越来越重视品牌的设计、打造和宣传，各行

① [美]菲利普·科特勒，凯文·莱恩·凯勒著；汪涛译. 营销管理. 北京：中国人民大学出版社，2012.

② [美]菲利普·科特勒著；梅汝和等译. 营销管理. 上海：上海人民出版社，2000.

各业都以各种独特创意和新颖形式来打造和推广自己的品牌，形成了五彩缤纷的品牌世界。

图书馆讲座作为一种文化产品，同样需要用优良的品质来取得听众的认知和认可。近年来，随着图书馆讲座事业的蓬勃发展，图书馆讲座品牌策划越来越得到业界人士的重视。

图书馆讲座的品牌，是讲座工作在长期的发展过程中所形成的知名度和认可度。一个品牌的形成是一个系统工程，包括讲座的名称、特色（讲座的内容和文化内涵）、相关的标志、讲座专家的风采和个人魅力、服务质量、管理水平、衍生品的知名度等诸多方面，而这些要素的形成都离不开成功的策划。所以，品牌的策划与打造是图书馆讲座能够持续健康发展的内在动力。

图书馆讲座品牌既有一般品牌的共性，又有其独特的个性。共性是指一般品牌应有的名称、标识、定位、价值等，个性是指讲座品牌鲜明的文化传统和文化特性等。

二、讲座品牌化的作用

讲座品牌是无形资产，是提升图书馆形象和影响力的重要手段，其作用主要表现在：

第一，聚合作用。良好的讲座品牌具有较强的社会号召力，随着讲座影响力的扩大，可以聚合更多的社会资源和力量参与，实现讲座社会效益和经济效益的最大化，提高图书馆的社会地位和形象。

第二，彰显讲座的特色。特色是一个事物显著区别于其他事物的风格、形式，是由事物赖以产生和发展的特定具体环境因素所决定的独有价值。讲座品牌是图书馆讲座之间相互区别的唯一途径，通过它可以透视出地域的历史文化积淀和不同城市的文化需求和文化个性，为讲座的长期发展提供活力。

第三，扩大图书馆的影响力。优良的讲座品牌，就像桥梁和纽带，既可以向听众传递知识和文化内涵，又向听众传递了讲座水平和质量的保证，使听众产生信赖度、满意度和忠诚度，进而愿意参与图书馆的讲座活动，使图书馆的影响力不断扩大。

三、讲座品牌策划过程

每一个品牌都会经历初创期、成长期和成熟期。讲座品牌的建立过程也包括初创、推广和维护三个阶段。无论处在哪一阶段，都需要有创新的思维和精心的策划，以保持讲座良性发展，维护品牌的长久影响。

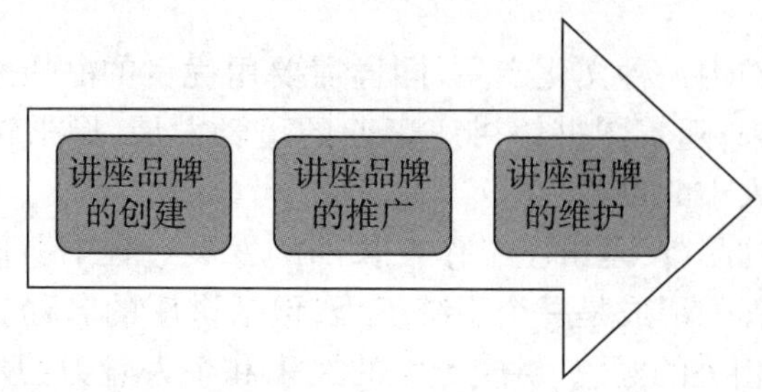

第一阶段：讲座品牌的创建。

品牌的初创期，主要应该强调的是品牌的视觉功能、直观感受并能够强烈吸引人的不同于其他品牌的独特个性，讲座品牌也是如此。通过有创意的策划，界定品牌的个性，即充分借用本地文化底蕴和特色，策划出具有特色讲座品牌的符号、品牌识别系统，建立品牌的定位，确定品牌的文化内涵。

一是策划讲座品牌符号。品牌符号是产品之间区别的基本手段。品牌符号包括品牌命名、品牌标志、品牌口号、品牌象征物、品牌色彩等要素。纵观各馆已形成知名品牌的讲座，无不在上述方面都有独特之处，是区别于其他讲座工作的鲜明风格和特色。如国家图书馆“文津讲坛”，就是凭借古代著名的藏书楼——文津阁而命名，具有深刻的文化内涵，而“文津讲坛”四个字由已故著名学者任继愈先生亲题，反映了品牌的文化价值，便于记忆和传播。再如浙江图书馆的“文澜讲坛”、西安图书馆的“天禄讲坛”，分别借用古代藏书楼“文澜阁”和“天禄阁”而命名，突出了文化的内涵和特色。此外，建立统一的品牌识别系统，形成讲座品牌独特的符号和深刻的品牌标识记忆，使人一看到标识，即知道这是某一讲座。如“部级领导干部历史文化讲座”设计了统一的标识系统，已经成为独特的品牌符号。

二是建立品牌定位。品牌定位的理论来源于“定位之父”、全球顶级营销大师杰克·特劳特首创的战略定位理论。他在其经典著作《定位》中指出，定位就是让品牌在消费者的心目中占据最有利的位置，使品牌成为某个类别或某种特性的代表品牌。菲利普·科特勒教授认为：“定位就是公司设计自己的供应品和形象，从而使其能在目标市场的消费者心中占有一定的特殊位置的行动。”①

图书馆讲座品牌定位就是讲座听众的定位，即讲座面向的群体决定了讲座的定位，并在听众心中形成品牌的位置。它决定讲座服务发展的方向及不同的特色，体现着讲座品牌的独特价值。品牌的定位被确定以后，品牌的内容也就会围绕这一轴心来展开。因此，应科学合理地对听众进行分析，确定讲座的定位。

比如，国家图书馆的“文津讲坛”，因其定位于“面向大众的双休日历史文化讲座”，以弘扬中华民族优秀文化、传承文明与知识、服务社会和大众为宗旨，突出雅俗共赏、普及与精深兼得的特点，深受广大听众的喜爱。

“部级领导干部历史文化讲座”，定位于帮助中央和国家机关以及北京市、解放军驻京单位的部级领导干部进一步了解中国和世界的历史与文化，拓宽人文视野，从总结历史中认识和把握社会发展规律，以史为鉴，增强治国理政能力。讲座以高层次、高品位、高水准赢得了声誉，从而成为领导干部讲座中的领军品牌。

许多省市图书馆讲座也都因其明确的定位，而成为享誉全国的知名品牌。比如，上海图书馆的“上图讲座”，定位于以多姿多彩的城市文化为主题，满足市民的多种文化需求，将“上图讲座”办成了一座开放的、没有围墙的“城市教室”。

首都图书馆的“首图讲坛”，依托首都图书馆丰富的北京地方文献的资源优势和首都地区学术人才优势，向普通市民讲述老北京的文化传承、风土人情和历史掌故，确立了以乡土教育和爱国主义教育为主旨的“乡土课堂”。

浙江图书馆的“文澜讲坛”，定位于满足各个层次公众的知识信息需求，多途径、多层次、全方位地举办各种类型的讲座。

西安图书馆“天禄讲坛”，定位于在市场经济的大环境中，为社会公众提供一种适合市场经济快节奏的“文化快餐”。

此外，广州图书馆的“羊城学堂”；大连图书馆的“白云书院”；广西壮族自治区图书馆的“八桂讲坛”等等，全国大多数省市和区县的图书馆，都根据自己的馆藏资源、地域特征、历史文化特点，在明确定位的基础上，举办了丰富多彩、各具特色的讲座活动，形成了一大批知名的品牌。

---

①　[美]菲利普·科特勒，凯文·莱恩·凯勒著；汪涛译. 营销管理. 北京：中国人民大学出版社，2012.

三是确立讲座品牌的文化内涵。任何品牌都具备深刻而多元的思想及文化内涵,这是品牌的核心和灵魂。品牌的实质是文化,品牌不仅是一种符号和象征,更是产品和服务的文化形态的综合反映和体现,有着丰富的内涵。1997年,戴维森提出了“品牌冰山理论”,他认为,品牌的标识、符号是品牌浮在水面的15%冰山部分,而藏在水下的85%冰山部分是品牌价值观、智慧和文化。图书馆讲座作为一种文化品牌,它所蕴含的文化传统和价值取向直接决定着讲座的品格特性,所以,图书馆讲座更要注重文化内涵的挖掘和提炼。如前所述的国家图书馆“文津讲坛”、西安图书馆“天禄讲坛”等讲座名称的由来,自然会增加历史积淀的厚重感,突出讲座的特点和人文气息。

第二阶段:讲座品牌推广。

讲座品牌的推广是指讲座本身及讲座品牌形象,使广大听众广泛认同的系列活动过程,主要目的还是为了提升品牌知名度。再好的品牌创意,如果没有强有力的推广作为支撑,也只是留在“深闺”之中不为人识,更不可能成为家喻户晓的优势品牌。所以,在讲座品牌的符号、定位、内涵等一系列因素确定以后,在讲座的选题和内容策划、组织实施等一系列工作过程中,应考虑与讲座品牌要素结合起来进行推广。

讲座品牌的推广需要有计划、有策略的进行,以达到快速提升讲座知名度和品牌认知度的目的。

第一,重视终端推广,即图书馆馆区的推广。如讲座预告、讲座现场布置、背景板、讲座资料、宣传品等应体现讲座的符号、标识,以低成本完成品牌的传播,不断加深听众对讲座的认知。

第二,联合传统和新兴媒体进行推广,强化讲座品牌的符号、价值及特色,形成立体的、系统的传播渠道,提高讲座的知名度和影响力。

第三,注重讲座衍生品的宣传推广。讲座衍生品是讲座的再次传播,是讲座品牌推广的重要载体之一。首先要注重衍生品的制作质量,使之具有知识性、学术性和可读性。其次,要在显著的位置显示讲座的标识,强化消费者对讲座的了解。

第三阶段:讲座品牌管理与维护。

著名经济学家萧灼基提出,品牌建设从管理开始。美国著名品牌管理专家凯文·莱恩·凯勒教授认为,品牌成功的核心是优质的产品或服务,并辅之以创造性地设计和实践营销。讲座品牌管理是讲座品牌塑造的核心内容,即通过一定的方法和手段,为塑造和保持讲座品牌而开展的各项工作。

第一,建立讲座品牌框架,制定讲座品牌维护战略和规划,并根据情况的变化适时调整,以确保有效。如根据社会的变化和听众的需求,调整讲座服务策略并加以实施,做到讲座品牌维护的长效化。

第二,积累讲座品牌资产。品牌资产是附加在产品和服务上的价值。讲座品牌是一种无形的资产,不是短时间内就能形成的,应不断累积讲座品牌资产,培养听众对讲座品牌的忠诚关系,增强讲座听众的满意度,进而提升讲座品牌的价值。

第三,强化特色,保持讲座品牌的差异性。差异性是品牌塑造非常重要的环节,没有差异性就会淹没在众多的讲座品牌中。文化本身具有地域性和民族性的特点,不同地域、不同民族都有属于自己的特有的文化形态和文化个性,通过图书馆讲座,可以透视出地域的历史文化积淀和不同城市的文化需求和个性。因此,这也是图书馆讲座保持差异性的重要资源。如首都图书馆"首图讲坛"的"乡土课堂"、浙江图书馆的"文澜讲坛"、西安图书馆的"天禄讲坛"、大连图书馆的"白云书院"等等,都突出了本地文化特色,体现了鲜明的地域特点,也是当地乃至全国家喻户晓的知名讲座品牌。

第四,树立精品意识,严格管理与控制讲座质量。讲座质量是讲座品牌的基础,是讲座的生命,体现在讲座的方方面面,只有始终保持讲座各要素、各环节的高质量,达到或符合预期的要求和水平,才能保持讲座的高品质,使讲座品牌具有永久的生命力。

第五,通过调整和变化,强化讲座品牌。通常情况下,人们更注重讲座品牌的策划,而忽视讲座品牌的维护。创品牌难,保品牌更难,讲座品牌不是固定的,疏于管理和维护,也有被淹没的风险,因此,必须具有忧患意识,通过讲座内容创新、形式创新、服务创新,不断超越听众期待与需要,使讲座常办常新,保持旺盛的生命力。

讲座品牌的塑造和维护对图书馆来说是个长期过程,一方面既要遵循品牌创建与发展的内在规律,坚持讲座的定位,保持讲座的品格、保证讲座的质量,同时也要遵循图书馆和讲座发展的内在规律,从战略角度加强对品牌的培育、维护和管理。

第三节　讲座选题策划

一、选题策划流程

选题策划是讲座策划的重中之重，从本质来说，选题策划是一种设计、创造和引导，它是讲座的策划者按照一定的方针和客观条件开发讲座资源，设计选题、落实选题及实施讲座方案的创造性活动，也可以说是讲座的策划者根据讲座目标和听众需要，通过对有关信息进行提炼、筛选、升华，最终设计出最佳工作方案的过程。优秀的选题策划，可以取得较好的效果和产生较大的影响。也可以说，讲座选题对讲座成功与否起到至关重要的作用。

选题策划并不是单纯的选择题目，而应该是集调研、制定与讨论策划方案、遴选和聘请主讲人等一系列工作为一体的、环环相扣的整体性活动。其中，“选题”与“选人”（即策划选题和遴选专家）是两大要素，但无论是选题、还是选人，都必须在广泛的调查研究、听取各方需求的基础上进行。

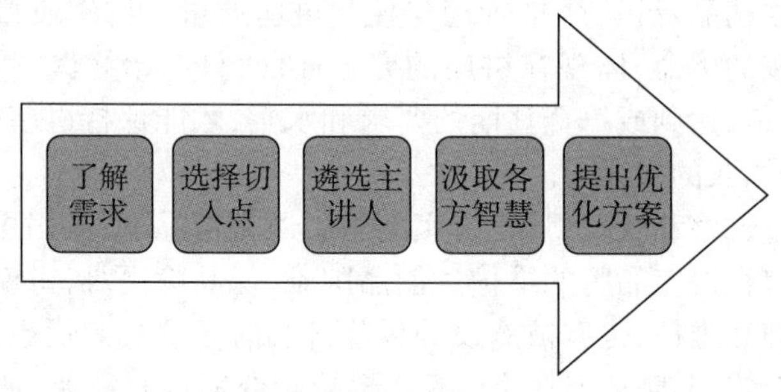

（一）充分调查研究，掌握各方需求

把握听众需求是选题策划的基础，也是必不可少的重要环节。一场讲座能否被听众接受和认可，一个重要因素就是讲座的内容是否符合社会需要，满足听众需求，讲座内容越贴近实际、贴近生活、贴近大众，就越有生命力。但是，由于图书馆讲座的听众来自于不同的社会阶层，需求多种多样，所以，必须做好服务对象的调研，了解他们的需要，及时推出既符合其需要、又立意新颖、富有时代感的讲座选题。

调研的形式多种多样，主要包括问卷调查、召开座谈会、利用网络平台等各种形式，通过多渠道与听众建立密切的联系，使之关注图书馆的讲座，并愿意为办好讲座出谋划策。

问卷调查是普遍运用的一种调研方式，它的优点是简单、方便、直接、明了，易于操作，是一种行之有效的调研方法，受到许多图书馆讲座的青睐。问卷一般可采用现场发放、回收的方式进行，通过问卷调查既可以了解听众对讲座内容、形式、组织方式等方面的需求，也可以了解听众的年龄结构、知识结构、听讲座的目的等基本情况，从而策划出更能反映听众需求的讲座内容。国家图书馆“部级领导干部历史文化讲座”在每一期讲座时，都会向听众发放“征求意见表”（详见附录一：《征求意见表》），及时了解听众对本期讲座及下期讲座的意见建议。特别是在每年的选题策划会之前，要连续两个月向部级领导们发放下一年度的“选题策划调研表”（详见附录三：《选题策划调研表》），了解领导对选题策划的意见与需求，将他们所关心的重点与热点问题吸纳到下一年度的选题策划之中。

座谈会是近距离与听众交流沟通，了解听众需求的另一种重要的调研形式。它的特点是更具有针对性、互动性和开放性，可以直截了当地切入问题，也可以深入地进行探讨。一场成功的座谈会，可以让策划者在了解听众需求的同时，获得更多的意见和建议，甚至可以建立一种长期、稳定的互动关系。当然，座谈的对象不一定局限于听众，对于选题策划而言，有条件的单位，可以通过座谈的方式广泛地征求多方的意见和建议。比如，“部级领导干部历史文化讲座”依托在京高校和科研单位专家、学者的资源优势，经常性地召开专家、学者座谈会，请专家学者为选题策划出谋划策，从而提高了选题策划的水平。

网络平台是一种新型的获取信息的方式。随着数字化时代的到来，互联网使人们的联系、沟通方式以及信息传递方式发生了革命性的变革，新技术的应用也为图书馆讲座带来了巨大的发展空间。网络平台的优点是受众面广，不受时间与地点的约束，可随时发布与获取，电子邮箱、QQ 群、微博、微信等都不失为一种简便、易行、快捷的与听众沟通的方式。比如，上海图书馆为了能够吸引更多的年轻人参与和关注讲座，成立了“80 知友会”，受众基本上是“80 后”，他们主要是通过网络报名，在网上进行交流和沟通。设计者在注册栏目中设立了两项调查内容：一是您感兴趣的讲座选题（就业、人生规划、社会热点、人际交往、传统文化、异域风情），二是您想参加的活动形式（音乐欣赏、话剧观摩、参观访问、新书推荐、双语讲座）。通过网络平台了解听众需求，更能符合现代社会尤其是年轻人的生活方式。

（二）选好切入点，精心策划选题

确立选题是讲座选题策划的核心阶段，也是图书馆讲座最常规的工作，既平常又重要。如上所述，策划者通过调研活动，对听众的群体结构和基本需求已经有了大体的了解，即可以进入确立选题阶段了。一般从以下几个方面切入：

一是以史为鉴，以古鉴今。中国是一个拥有五千年文明的伟大国家，源远流长的中华文明是讲座选题的丰富来源，每一个历史截面、甚至是一个改变历史的瞬间以及千古流传的优秀作品，都可以是讲座选题的切入点，讲座选题策划者应结合时代的发展，根据听众的不同层次和需求，选取不同的主题进行策划。如国家图书馆“文津讲坛”策划的历史文化方面的讲座选题举不胜举，确立了大历史、大文化系列讲座品牌；“部级领导干部历史文化讲座”根据部级领导的需求，选取人类发展历程中重大的历史文化问题及国内外重要的社会热点进行选题策划，深受部级领导干部的欢迎。据统计，自 2002 年至 2016 年，历史文化类讲座数量占全国讲座总数 75%。

二是关注民生，把握社会热点。社会的发展瞬息万变，新知识、新热点层出不穷，社会发展的焦点常常成为群众需求的热点。因此，应从分析社会形势入手，把握时事政治、经济发展的总体趋势，关注民生，从社会热点中“淘”出选题，努力反映时代最新思潮，最新生活方式，保证选题具有高度的时代特点。其一，对全年已知或者预知的热点进行总体把握，寻找容易产生热点的话题。其二，在重大事件发生后，及时策划并推出系列讲座，帮助公众科学、准确地了解相关信息。这类选题既契合时代特点，又由相关领域的专家演讲，蕴含丰富的、准确的知识信息，无疑会受到听众的欢迎。其三，学会寻找社会的“热点”，并对社会发生的变动做出快速反应，以便组织最佳选题。

三是立足当地、挖掘地方资源。文化是一个城市的灵魂，每个城市都有自己独特的自然、历史、人文特色，可以对本地文化资源深入了解、挖掘和提炼，选取既体现城市文化精神和个性，又受听众欢迎的内容进行专题策划，既弘扬了本地的文化，又形成独特的特色。如，上海图书馆不仅通过“都市文化”“上海发展讲坛”等系列讲座来展示上海独特的城市文化魅力，形成人人共享的“城市教室”和“市民课堂”，还利用上海国际大都市的独特地缘优势，推出“世界与上海”“国际科学家讲坛”“国际图书馆长论坛”“新世纪论坛”等一大批新兴的高端品牌讲座，凸现了“上图讲座”的国际化特色，融入了国际社会生活的大循环；首都图书馆以“讲述北京乡土文化与人情风物，展现源远流长、博大精深的京城历史文化”为宗旨，由全国唯一从事北京地方文献工作的专业机构——北京地方文献中心策划出“乡土课堂”系列讲座，具有鲜明的区域性和得天独厚的唯一性；黑龙江省图书馆利用金史在黑龙江历史上的独特地位，策划了“金史系列讲座”，弘扬了黑龙江流域的古代文明；广西壮族自治区图书馆的“八桂讲坛”推出的“广西文化”系列讲座，也具有鲜明的地域文化特色和浓郁的民族文化风情。

（三）精心遴选，确定最佳主讲人

主讲人的选择是选题策划的核心要素，也是一场讲座成功与否的关键所在。遴选主讲人应与选题策划同时进行，可先策划选题，再遴选相关主讲人，这是比较常规的做法；当然，也可先确定主讲人，再确定选题，即根据主讲人来确定相关选题，一般适用于知名度较高的主讲人。遴选主讲人应主要关注以下几方面问题：

一是具有较高的知名度，是某一方面的专家或知名学者。知识渊博，在本研究领域具有一定的权威性，对选题有比较深刻的了解和研究，有自己独特的看法或形成了相对完整的理论体系，对于主题能够轻松驾驭；同时还应具有一定的社会知名度和美誉度，能够得到社会的广泛认可，具有一定的社会影响力。

二是年富力强。知名度固然重要，但近年来许多知名学者年事已高，有的身体不好，不便继续登坛设讲。而一些年富力强学术中坚却在学术界非常的活跃，他们思想敏锐、锐意求新，对于学术热点、学术前沿问题掌握得比较全面，有能力把最新的学术成果呈现在讲座中。所以，图书馆讲座应遴选出有一定的知名度、能够被大家所认可的中青年学者莅临讲座，并建立起新的师资储备库。

三是具有良好的语言表达能力。要想使听众在一段时间内专注于讲座，主讲人除了要具有深厚的专业学识和理论功底外，其讲述技巧、演讲艺术也是必须要考虑的现实问题，因为这将直接影响到讲座效果的好坏。一位好的主讲人能够将知识性与趣味性很好地结合起来，通过生动丰富的语言，以深入浅出、通俗易懂的方式来吸引听众、感染听众、征服听众，使听众能够在获取知识的同时，得到精神上的愉悦和享受。

四是因地制宜，因馆制宜。能够聘请到一流的专家学者莅临讲座，是每一位策划组织者的美好愿望。有条件的图书馆（特别是大中城市的图书馆）可以利用和整合各种优势资源，集中力量聘请一些知名专家学者，利用名人效应推动讲座品牌的知名度。但是，对于一些地处偏远的中小型公共图书馆，受到自身条件（资源、经费）的制约，还应该根据图书馆的实际情况来进行，在大多数情况下，以聘请本地的专家、学者为主，同时，也要注重对本地专家的挖掘和储备，这也不失为一种低成本、且持续受益的讲座策略。

（四）汲取各方智慧

在多元化时代，面对听众文化需求的多样化、多层次状态，需要讲座的策划者树立大讲座的思维，联合社会各界力量共同策划选题。相关机构、莅临讲座的专家在其研究领域具有无可比拟的专业优势，可通过座谈会的形式，邀请相关机构和学者为讲座选题出谋划策，通过交流和探讨，碰撞出思想的火花，汲取丰富的、有价值和富有启发意义的意见和建议，为讲座选题的策划积累丰富的信息资源。如前所述，"部级领导干部历史文化讲座"在策划2014年讲座选题的时候，分别赴北京大学和中国社会科学院召开专家学者座谈会，听取学者对讲座选题的建议和意见，取得很好的效果；此外，倾听听众的建议和意见，向他们征集选题，也会获得意外的收获。

（五）优化方案

选题策划方案完成以后，可组织专家学者，合作方、承办方和相关人员对选题策划方案进行充分的讨论，提出建议和意见，最终形成完备的选题策划方案，并加以实施和落实。当然，选题策划还应设立多种备选方案并具有一定的灵活性，在遇到突发情况时，能够从容应对。

二、选题策划原则

好的选题是讲座的灵魂，是吸引听众的重要因素，如何选择确定合适的讲座主题，吸引更多的听众，需要策划者用智慧和才能，不断地探索和创新。讲座选题的策划应坚持以下几个原则：

第一，具有前瞻性、导向性、时代性。选题的前瞻性是选题策划者在掌握大量讲座资源和讲座信息后，通过预测分析，提出的具有先进性和预见性的选题思想，也是一种超前的观念意识，是对讲座的一种展望和预测行为，从前瞻性的维度来策划选题，具有极为重要的现实意义，能够更好地吸引听众，并对听众具有一定的导向作用。同时，因为我们处在动态的世界当中，世界上每天都有事情发生，凡是发生大事，都会引起人们的广泛关注，从而引发出无数的社会热点。所以作为讲座的策划者，应保持开放的姿态，关注宏观趋势、社会热点等，紧切时代主题，紧扣时代脉搏来策划讲座。

第二，突出知识性、信息性、大众性。社会公众始终是图书馆讲座最基础、最庞大、最重要的听众群体。因此，图书馆讲座的主题必须符合大众要求，除了历史、文化、时事政治等大的选题外，还要注重知识普及、信息传递、休闲娱乐、健康养生等内容。当然，面向大众的选题并非意味着讲座的低层次和盲目迎合社会时尚，而是一方面要使讲座的内容适合不同人群、不同层次听众对文化的需求，力求把讲座的专业性、知识性、普及性和趣味性有机地结合起来，使高雅的讲座通俗化、平民化；另一方面，要防止为迎合听众而一味地追求新、奇、特，使讲座陷于低俗化和庸俗化。

第三，注重独特性、地域性。每个地区和城市都有自己独特的自然、历史、人文特色，是不可取代的资源优势，讲座只有从自己城市的文化积淀中汲取营养，充分体现城市的地方风情和精神风貌，才能更具有历史的厚重感，才会展现出城市文化独特的精髓和魅力。

第四，形成规模化、系列化。讲座主题丰富多彩，而每次讲座的时间却是固定的、有限的，听众常常有意犹未尽的感觉。系列选题就避免了这一问题，在满足听众获知心理的同时，还可以扩大讲座的影响力、辐射力和感染力。系列选题可以是一个主题分为多讲，如 2010 年，国家图书馆“中华典籍与文化”系列讲座策划了“《史记》十五讲”，从司马迁怎样写历史人物、《史记》对中国文学的贡献、对中国历史学的贡献等方面解读《史记》，受到听众的欢迎。系列选题也可以是同一主题由不同的主讲人从不同的角度切入，使讲座内容更开阔，更深化，并形成规模效应。如 2014 年 6 月至 9 月，国家图书馆“文津讲坛”策划举办了“纪念甲午中日战争 120 周年”系列讲座，从不同角度介绍甲午战争，受到听众的欢迎。

以下是国家图书馆文津讲坛 2015 年讲座目录，讲座选题策划的若干原则在全年讲座中都有体现。

序号	时间	题目	主讲人
1	2015 - 01 - 01	古书版本鉴定	李致忠
2	2015 - 01 - 10	“楹联文化”系列讲座之一：春联对偶修辞漫谈	叶子彤
3	2015 - 01 - 11	“楹联文化”系列讲座之二：联话与联书	白化文
4	2015 - 01 - 18	“楹联文化”系列讲座之三：楹联文体及其声律要求	刘太品

续表

序号	时间	题目	主讲人
5	2015－01－24	“楹联文化”系列讲座之四：律诗对仗的探究	张炼强
6	2015－02－01	“楹联文化”系列讲座之五：春联与传统文化	程毅中
7	2015－02－07	“楹联文化”系列讲座之六：楹联文体及其声律要求	刘太品
8	2015－02－08	“礼义之邦”还是“礼仪之邦”？	王能宪
9	2015－02－24	旧京春令食俗捃谈	李宝臣
10	2015－03－01	比较文学对中国文学分期的颠覆	高旭东
11	2015－03－14	道、礼与和谐——孔子智慧与国学的基本精神	张　辛
12	2015－03－15	民国时期的中国电影	汪朝光
13	2015－04－11	“中国传统音乐文化”系列讲座之一：礼乐中国——传统中国人的礼乐观	王建欣
14	2015－04－12	“中国传统音乐文化”系列讲座之二：从礼乐看中国音乐文化的功能性意义	项　阳
15	2015－04－25	“中国传统音乐文化”系列讲座之三：中国古代音乐书写	孙晓辉
16	2015－04－26	“中国传统音乐文化”系列讲座之四：青铜音乐的辉煌	王子初
17	2015－05－17	“中国传统音乐文化”系列讲座之五：云南与东南亚南传佛教乐舞文化	杨民康
18	2015－05－23	“中国传统音乐文化”系列讲座之六：中国当代音乐创作中的传统文化因素	贾国平
19	2015－05－24	中西古代对话体文体的结构特点	凌建侯
20	2015－05－30	“中国传统音乐文化”系列讲座之七：铁血丹心奏鸣曲——《新四军军歌》手稿研究与音乐分析	钱仁平
21	2015－05－31	“中国传统音乐文化”系列讲座之八：礼乐文化新的结晶——《乐记·乐本篇》解读	修海林
22	2015－06－14	《简·爱》背后的殖民经济	潘志明
23	2015－06－20	佛教的产生与最初的基本思想	姚卫群
24	2015－06－21	解读天书：河图洛书	冯　时

续表

序号	时间	题目	主讲人
25	2015－06－28	国学　经学　儒学	董恩林
26	2015－07－04	明清章回小说发展的宏观轨迹	宁宗一
27	2015－07－11	中国传统族谱的体例及绍兴谱的特色	常建华
28	2015－07－19	汉魏石经与今古文经学	虞万里
29	2015－07－25	汉赋创作与国家形象	许　结
30	2015－08－08	“中国传统经典的对外翻译与传播”系列讲座之一:《史记》在俄罗斯的收藏与翻译	柳若梅
31	2015－08－09	“中国传统经典的对外翻译与传播”系列讲座之二:传教士把什么中文书带回了欧洲?——以梵蒂冈图书馆为例	任大援
32	2015－08－15	“中国传统经典的对外翻译与传播”系列讲座之三:中国经典的德译与德国的汉学研究	李雪涛
33	2015－08－29（上午）	大都无城——中国古都的动态解读	许　宏
34	2015－08－29（下午）	“中国传统经典的对外翻译与传播”系列讲座之四:儒家经典的拉丁语翻译和文化传播的困难	雷立柏（奥地利）
35	2015－09－12	“中国传统经典的对外翻译与传播”系列讲座之五:耶稣会士与儒家经典:翻译抑或背叛?	梅谦立（法国）
36	2015－09－20	中国茶文化及其外传日本	钱婉约
37	2015－09－26	“中国传统经典的对外翻译与传播”系列讲座之六:拉丁语与汉学传播	麦克雷（意大利）
38	2015－09－27	日本徂徕学与中国思想	王　青
39	2015－10－01	中国传统节日会消亡吗	陈连山
40	2015－10－11	白居易文学与日本文化	隽雪艳
41	2015－10－18	佛教的生命观与平常心	李四龙
42	2015－10－25	怎么看中国近代的历史	顾彬(德国)
43	2015－10－31	欧阳修诗文中的情感世界	柳春蕊

续表

序号	时间	题目	主讲人
44	2015－11－01	周易术数之道与中国传统文学	汪龙麟
45	2015－11－07	中观佛教的渊源与特色	成建华
46	2015－11－08	明解周易哲学的人天智慧	温海明
47	2015－11－15	拒绝“千城一面”　追求“千城皆美”	高建平
48	2015－12－05	刘勰《文心雕龙·风骨篇》再诠释	张海明
49	2015－12－12	清代北京城的防卫	杜家骥
50	2015－12－20	从土地契约看中国传统经济	龙登高
51	2015－12－26	如何赏析中国古典诗歌的意境美	卢永璘

三、选题策划管理

目前,图书馆讲座多在选题策划方面遇到一些瓶颈,如缺乏实时更新能力,前期策划的内容与实际需求有距离,定位不够准确等等,如何破解选题策划方面的瓶颈,需要讲座的组织者认真地思考。

第一,创新思维。没有创新,就没有策划。选题策划是一种创意性的思维,是关系到讲座成败的要素之一,因此,需要在充分调研的基础上,时时保持创新意识,形成人无我有、人有我新、人新我变的独特特性。这就要求选题策划人员具有较高的职业敏感性和创造力,能够及时捕捉到新的信息和亮点,不断开发出新鲜的系列话题。如上海图书馆讲座就常常出新,其创造性地开设“大家的讲坛”,让更多有故事、有才能的百姓走上讲台,用话筒传递理想、交流经验,就是一种很好的创新,开辟了新的途径。

第二,建立选题策划制度。除在工作中通过各种方式积累选题外,在策划前、策划中、策划后,均应召开选题策划会议并形成制度,以便对下一年度的选题进行整体的规划和设计,并进行充分的讨论和论证,使策划具有前瞻性和可行性,避免出现随意性和盲目性。

第三,建立选题储备库。讲座选题不是一蹴而就的,需要有长期的积累,并在整体框架下进行策划,因此,应建立选题储备库,并随时更新。选题储备库可包括专家学者推荐的选题、长期跟踪的学术热点、学术动态和当前社会热点选题,以往举办的各类选题,其他讲坛举办过的优秀选题等。同时,可结合图书馆参考咨询工作成果,从中遴选选题。

第四,建立主讲专家数据库。主讲专家是讲座成功举办的要素之一,有条件的图书馆可建立主讲专家数据库,多方收集专家信息及其相关研究领域内的研究内容和所取得的进展,为举办讲座提供和累积主讲人资源。一是请主讲专家推荐,主讲专家对相关学者有着更深入的了解,他们的推荐更具权威性和可靠性;二是通过参加学术会议等多种渠道对相关学者进行了解;三是关注其他讲坛的主讲人信息,了解各地方主讲人情况,达到资源共享;四是关注网上的讲座信息以及讲座、学术报告视频,以了解专家的研究方向和讲授效果。主讲专家数据库建立后,应保持高度关注,并注意随时更新。比如,国家图书馆建立了"国情咨询专家库",其中的大部分专家学者是"部级领导干部历史文化讲座"的主讲人。南京图书馆建立了人才库,选择有资历、有影响的专家、教授、博士生导师作为专家储备,还邀请一些行业机构和组织部门推荐,慎重选择自我推荐者,以保证专家库的质量。

第四节　讲座形式策划

一、图书馆讲座形式

一场好的讲座不仅需要好的选题、符合听众需求的内容,还需要与之契合的讲座形式。加强讲座形式的策划,不仅可以增加讲座形式的丰富性、趣味性和多样性,同时,还可以调动听众的参与热情,增强讲座的生命力和影响力。

第一,授教式。授教式讲座是各图书馆最常规的讲座形式,由一名主讲专家在有限的讲座时间内,通过妙语连珠的精彩表达,向听众讲授自己学术研究的精华。这种讲座模式信息量大,影响力强,听众在收获知识的同时,领略着主讲专家的风采,感受着人文精神的魅力。

第二,交流式。同时邀请几位主讲嘉宾以谈话式、讨论式、点评式等方式探讨同一话题,也可邀请现场的听众参与讨论。这种形式有助于改变"一言堂"的模式,让更多的人参与到讲座中,使不同的声音、风格同时向听众传递。如上海图书馆、长春市图书馆选择合适的选题,开设对话和访谈形式的讲座专场,启发思维、引起共鸣,产生较好的效果。

第三,赏析式。一些图书馆根据讲座的内容,采取演讲与表演相结合、讲座与赏析相结合、讲座与展览相结合等形式，使讲座更加生动。这种讲座形式，提升了讲座的魅力和吸引力，使讲座成为传播文化艺术的平台，有助于培养听众的艺术素养、陶冶道德情操。如“部级领导干部历史文化讲座”之艺术讲座，采取艺术知识讲解和艺术欣赏相结合的形式，边讲解、边表演，生动直观，帮助领导干部进一步了解中华民族以及世界各国的优秀艺术，提高艺术修养。

第四，沙龙式。沙龙式的讲座一般规模较小，话题相对广泛。围绕一个主题，主持人主持，其他人轮流发言，自由谈论，各抒己见。这种模式，有助于参与者之间进行充分的交流与互动，分享彼此的思想智慧。

第五，研习式。研习式讲座一般也是在小范围内举办，参与者就某一主题，在主讲人的讲解之下，进行研究和学习，这种模式具有很强的实操性和互动性，往往一个主题的讲座需要分多期连续举办，才能使参与者收获更多的成效。参与者经过一段时间的研习，不仅对某一主题的内容有了更加充分的知识性的了解，更具有一定的创作或研究能力。如“部级领导干部历史文化讲座”已开办了诗词赏析专题研习小组和书画艺术专题研习小组，取得了较好的效果。

第六，延伸式。上海图书馆于2009年实施“上图讲座进百校”活动，把讲座延伸到校园。浙江省图书馆的“文澜讲坛”，积极主动将讲座资源延伸服务于区县，每年举办巡讲15场以上；同时，还不定期将讲座送进高校和社区，并与杭州的29个社区共同创办了“文澜讲坛·社区行动联盟”，拓展了“文澜讲坛”的服务面和影响力。辽宁省图书馆将讲座延伸到基层，并针对某一选题进行跟踪，将讲座专题化、系列化。太原市图书馆以流动讲座和移动讲座的形式，将公益讲座推广到了政府、机关、基层乡镇、街道、校园、军营和企业，将讲座移动到公共舞台，在社会中营造了浓郁的读书氛围。

上述讲座形式，是图书馆讲座组织者不断探索、努力创新的结果，在实践中均取得很好的效果。

二、讲座形式策划过程

对于常规的授教式讲座形式，各馆已积累了很多的经验，不必多言。对其他讲座形式策划，需要组织者创新思维、充分准备并组织实施。主要流程如下：

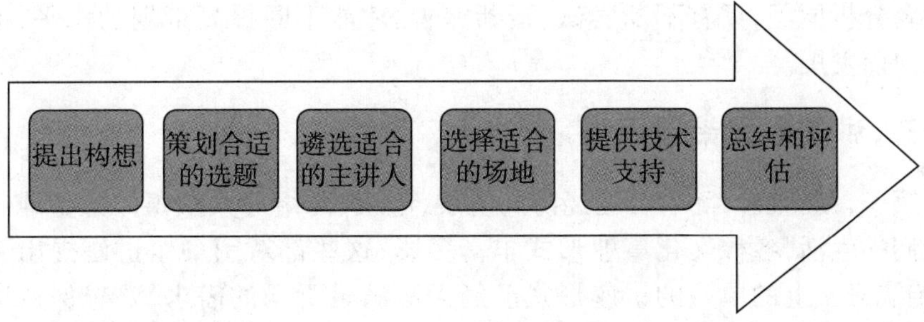

第一,提出构想。策划先于行动,要保持讲座的生命力和影响力,扩大讲座的凝聚力,讲座的组织者应突破常规的思维模式,适时提出创新讲座形式的构想,在充分准备之后,付诸实施。

第二,策划合适的选题。讲座形式和讲座的内容紧密相关,不是所有的讲座都适合尝试创新讲座形式,因此,应策划合适的选题,策划新的讲座形式。如赏析式讲座形式,在选题上应策划艺术类讲座,边讲边演,增强了讲座的效果和感染力。对话式、访谈式或沙龙式讲座,可策划社会热点问题方面的选题,请几位专家、学者,就某一问题进行对话式讲座,从多维的角度阐述同一问题,扩大听众的视野和知识面。研习式讲座策划的选题可就某一学科、某一专题进行系列策划,以便取得较好的效果。

第三,遴选适合的主讲人。主讲人的遴选有多方面的考量,而对话式等讲座形式,对主讲人的要求也不同。如在策划对话式的讲座形式时,选择的主讲人也应是同一水平的专家学者,并具有较快的反应能力,如果相互之间有些了解就更好,更能够将同一个问题讲深、讲透,也使听众了解不同主讲人的风采。

第四,选择适合的场地。根据讲座的不同形式,以及听众的多少,选择适合的讲座场地。如"部级领导干部历史文化讲座"开展的专题研习小组系列讲座,根据报名的人数,选择不同的场地,避免出现空间大、听众少,或空间小、听众多的局面。

第五,提供技术支持。现代技术的发展,使图书馆听众服务的手段日益多样,需要讲座组织者关注技术的发展、关注听众的信息环境,想出新点子,开创新的服务形式,如基于网络的图书馆讲座资源整合和服务,嵌入移动终端的讲座视频服务等等。

第六,总结和评估。新的讲座形式是否取得预期的成效,需要讲座组织者通过自评和他评等多种方式进行总结和评估,成功之处应总结经验,不足之处要分析原因,只有不断尝试、不断完善、才能不断提高策划的水平,推动讲座向前发展。

三、讲座形式策划原则

第一,创新性。随着社会经济的发展,电视、网络等大众媒体大量地占据了人们的生活,各种文化事业形式丰富多彩,这些都对图书馆讲座提出了挑战,传统意义上的单一的讲座形式已经无法满足听众的需求,要想保持讲座的生命力和吸引力,图书馆讲座不仅要在选题策划上下功夫,还要适时地对讲座的形式进行创新,如为适应当前弘扬中华传统文化的要求,设计专门的图书馆讲座网站,手机移动讲座服务,选取讲座优秀资源,使听众随时随地地看讲座、听讲座,持续保持讲座的影响力。

第二,周密性。讲座形式的创新,尽管是一种尝试,允许有不足之处,但为避免出现一些意料之外的后果,在策划和实施过程中,应把讲座的所有细节都考虑到位,以便取得预期的成效。如“部级领导干部历史文化讲座”专题研习小组的策划过程长达几个月,从选题、主讲人、场地、设备、举办时间都进行充分的讨论,关注每个细节,以确保研习小组活动的成功举办。

第三,适时性。讲座形式的创新,不意味着放弃常规的讲座形式,而是在常规讲座形式外,根据讲座的选题,选择合适的时机,适时推出的一种新的形式,使人耳目一新,富有创意。

第五节　讲座宣传策划

宣传是指运用各种内容、方式、手段传播一定的观念以影响人们的思想和行动的一种社会行为,具有目的性、社会性、教育性等特点,以及激励、鼓舞、引导等功能,被广泛地应用于政治、宗教、军事、科技、文化、商业等领域。近年来,随着我国文化事业的发展,文化领域的宣传越来越受到人们的重视,宣传的内容、方式和手段都不断地创新。图书馆讲座作为图书馆推广活动之一,其宣传推广是它的管理不可或缺的重要一环,是打造和维护讲座品牌的重要手段。好的宣传策划能够激发听众的兴趣和参与的欲望,达到品牌推广事半功倍的效果。

一、图书馆讲座宣传策划的目的和作用

图书馆讲座宣传推广的目的在于扩大公益讲座的社会影响力，最大限度地利用讲座资源，延伸公益讲座的社会服务，使图书馆讲座更好地被社会认知，被听众接受，使讲座的社会效益最大化。

第一，转变传统认识观念，树立图书馆新形象。近代以来，公共图书馆的功能发生了较大的转变，已经从单一的藏书楼向多元化功能发展。特别是图书馆公益讲座业务开展以来，以其公益性、知识性、互动性赢得了众多市民的喜爱，讲座业务也迅速地成为图书馆重要的服务项目之一。尽管如此，还有很多人对图书馆的认识还只是停留在简单的读书、借书上。

第二，扩大社会影响，提高讲座的知名度。拥有稳定的听众群，是图书馆讲座持续发展的重要条件，如果没有听众的参与和支持，图书馆讲座也就失去了存在的意义和价值。所以，为了能够吸引更多的听众，图书馆讲座的宣传尤为重要。

作为公益性事业单位的公共图书馆，在以市场经济为主导的今天，由于历史文化等客观因素的制约，和各种媒体建立沟通还需要程序化以外的方式和手段。这就需要各馆从实际出发，把握具体情况，发挥个人的主观能动性来争取媒体的支持。借助媒体的大力宣传和图书馆自己的网站、微信、微博等渠道来发布讲座信息，使社会大众对讲座信息能够及时掌握，同时对讲座也有整体的认识，为培养和维护听众群体做好工作。

第三，维护图书馆讲座品牌，是推动图书馆讲座的可持续发展的重要手段。如前所述，品牌需要推广和维护，没有一个持续的，只靠一招一势的宣传，再好的品牌也不能持久，最终会被人们所遗忘。所以讲座宣传策划是一项持续性工作，如何定位，确定宣传范围、途径、频次，以及如何品牌包装等等都需要提前进行规划、设计，对讲座宣传进行策划的目的就是为了维护讲座持久的生命力。

二、讲座宣传策划的原则

第一，策划为先。图书馆讲座的宣传优势主要体现在选题和内容以及主讲人等方面，因此，要结合讲座的特点，超前谋划，统筹安排。如为便于媒体报道，需要准备好可深入报道的选题、相关的图文和背景资料，以及推介可进行采访的人选等，寻找媒体较为关注的切入点，用材料、案例、细节等启发记

者的新闻敏感性,使之乐于报道、深入报道。

第二,明确宣传主题。宣传活动主题的设定直接关系到宣传效果的好坏,任何一项重要的讲座宣传活动,都需要确定其宣传主题。主题设定是宣传策划能否顺利实现的重要一环,因此,在设定宣传主题前,应明确该主题是否具备足够的新闻价值,是否能够形成一定的报道规模,是否具有普遍的社会关注度,是否从中可以挖掘出足够多吸引人的细节,是否具备实施的可行性等等。如适逢讲座举办五周年、十周年或者是举办 100 期、200 期、500 期等,其宣传主题可以根据讲座的特色,分别围绕讲座的历史、取得的成就和影响、听众的反响等展开。

第三,挖掘宣传"亮点"。挖掘"亮点"是讲座宣传策划的关键所在,一个成功的媒体宣传策划必须要有足够吸引人的内容,同样的宣传题材,策划得越深入,就越容易发现"亮点"和"热点"。所以,要始终寻找讲座中最具宣传价值的因素,开展鲜明生动、形式多变的宣传活动。

第四,统一策划、分步实施。统一策划主要用于持续时间长的宣传活动,在前期、中期、后期的宣传中,统一策划,避免各自为政、力量分散。而在宣传策划实施方面,注意分段把握。如讲座周年等重大宣传中,应在统一策划的基础上,进行阶段性地策划和安排,把握宣传报道的节奏,从主题设定到具体实施逐层深入,分步细化,并对宣传全程进行有效监控和指导。从某种意义上说,讲座的后期宣传比前期宣传更为重要,是树立讲座品牌的重要举措,可以进一步扩大讲座影响的深度和广度,使讲座产生更为广泛、持续的影响力,使讲座品牌更加深入人心。

第五,拓宽宣传渠道、形成合力。宣传策划的意义在于将分散的、零碎的力量集中起来形成合力。宣传的形式多种多样,各种形式之间,既各执其能,各有优长,又相互联系,相互叠加。所以,各种形式的宣传要有机结合、互相支撑、形成系统,全方位、多渠道地展开宣传攻势。

三、讲座宣传的方式和手段

图书馆讲座宣传的途径和方法有很多,一般从时间顺序来讲可分为讲座的前期、中期和后期宣传;从方式上来讲,可采用广告、宣传单、网络、媒体、人际交往、衍生品的推广、展览等传播手段。当然各种手段可以交叉、同时进行,使讲座能够多层次、立体化的传播。

第一,阵地宣传。海报、宣传单、宣传手册、宣传橱窗等是讲座最传统的、最基本的宣传方式，一般在馆内或讲座现场进行，无论采取哪种形式，都应注意与讲座的品牌符号相结合。一是设计一些精美的海报、宣传单、门票（包括请柬）作为常规宣传，将讲座的相关信息（讲座题目、主讲人简介、内容概要等）提前发布出来，一方面激发听众的欲望，吸引听众的参与；另一方面，便于听众事先掌握讲座的时间、地点、内容和相关情况。二是可设计、制作一些具有纪念和收藏意义的书签、活页、宣传册、门票和请柬等，既可当场使用，也可留作收藏，能够达到长期宣传的目的。三是可在馆内或讲座现场设置横幅、电子屏幕、背景板等，以营造和渲染讲座的气氛。上述宣传方式多数可在讲座前期和讲座期间进行，效果比较直接，针对性较强。

第二，传统媒体宣传。广播、电视、报纸等有影响力的新闻媒体是宣传推广的传统渠道，其传播的方式虽然各有优势，但突出的特点是覆盖面较广，信誉度较高，可以满足听众视、听、藏等多种需求，符合大部分听众，尤其是中老年听众获取信息的习惯。因此，应与本地的媒体建立良好的工作关系，及时做好资料提供和信息通报，使媒体从自身角度出发寻找各自的切入点，在一定时期、一定范围内对报道重点给予充分展示，最终形成声势、引起共鸣、产生规模效应，实现宣传效果的最大化。

第三，新兴媒体宣传。网络技术与信息技术的发展，为图书馆事业带来了新的发展机遇。近年来，随着网络技术的迅速发展，以手机、数字电视、移动电视、社交网络等为代表的新兴媒体，已经成为图书馆宣传一种有效的新途径，为讲座信息的传递和宣传提供了更加广阔的空间。这些新媒体的特点是传播速度快、覆盖面广，用户既可以是受众，又可以是传播者，可以随时获取和发布信息，迎合了现代社会方便、快捷的生活方式，受到了很多人尤其年轻人的青睐。所以，图书馆讲座应注意充分发挥各类媒体的优势，利用网站、移动电视、手机报、微博、微信、QQ 群等参与报道，形成宣传合力，扩大宣传效应。比如，上海图书馆的“上图信使微博”，截至 2017 年 5 月，粉丝超过 16 万人，其中一大部分是“上图讲座”的忠实听众；“上图讲座”的微博，截至 2017 年 5 月粉丝近 6000 人。又如前所述，上海图书馆的“80 知友会”，更是通过新兴媒体扩大宣传的典型事例。

第三章　公共图书馆讲座组织

公共图书馆讲座的组织是公共图书馆讲座全流程管理中除讲座策划之外的具体落实环节，讲座组织质量的好坏直接关系到讲座的成败及后续发展。因此，各个图书馆在深入挖掘选题、优选主讲人的同时，也十分注重讲座的筹备、实施及各种后续工作。

第一节　讲座筹备

东汉哲学家王充在《论衡·超奇篇》中说：“足不强则迹不远，锋不铦则割不深。”意思是说，脚力不强劲，行程就不会远；刀刃不锋利，割东西就不会深。也就是说，做任何事情都应先作充分的准备，以取得最佳的工作效益和巨大的事业成就。公共图书馆讲座筹备工作也是如此，因为每场讲座面对的观众都不尽相同，内容也不同，都需要提前做好各项准备工作，以防止讲座当日因准备不充分出现各种问题，影响讲座效果。因此，每场讲座前，组织者应围绕讲座的主题和内容、主讲人讲座习惯、听众特点、讲座场地实际情况等，按照严谨的制度规范，精心做好各项筹备工作。讲座筹备工作主要包括以下几个环节：

一、与主讲人进行充分沟通

主讲人是讲座的主角，主讲人的知名度、知识水平、表达能力对讲座的质量具有决定性的意义，同样的选题由不同的人来主讲，会产生大相径庭的效果。因此，公共图书馆讲座对主讲人的选择有很多的考虑和要求。如主讲专家是否具有较高的学术素养以及社会知名度和美誉度；是否得到社会的广泛认可，具有一定的影响力；是否具有良好的语言表达能力，使听众在轻松的氛围中领悟思想的精华，这些都需要从多种渠道提前了解，以确保讲座的效果。

成熟的讲座品牌往往有一套成熟的选题策划机制，所以讲座的主讲人一般在前期策划阶段就已经选定，在讲座实施阶段，与主讲人的沟通联系，主要是就讲座的基本概况、讲座题目、讲座内容、讲座细节以及注意事项进行充分的沟通。

沟通联系的方式主要有电话沟通、电子邮件沟通、登门拜访等多种不同方式，不同的沟通方式能产生不同的效果。电话是现代人必备的通信工具，电话使人们的联系更加方便快捷，其及时性和有效性是其他沟通方式不能比拟的。电子邮件沟通往往会比电话沟通显得更加正式，因为电话沟通毕竟是一种口头交流方式,而电子邮件却是以书面的方式将组织者与主讲人之间的合意确定下来。登门拜访是最能突显组织者对讲座和主讲人重视程度的一种联系方式,这种方式能够通过面对面的谈话,就讲座内容进行充分深入地交流,基本可以达到构建讲座内容框架的目的。这些沟通方式可以择一使用,也可以组合使用。以国家图书馆的"部级领导干部历史文化讲座"为例,往往是三种方式并行:

首先,电话沟通。在获得主讲人的联系方式后,往往先采用电话联系的方式,向主讲人表达邀请意向。

其次,电子邮件沟通。通过电话沟通获得主讲人的电子邮件之后,就讲座的基本情况介绍、邀请意向、组织者联系方式等以书面的形式告知拟邀请主讲人,让主讲人对讲座有个更加全面的了解,并就讲座选题进行初步思考。

再次,登门拜访。通过电话和邮件沟通之后,主讲人基本上对讲座概况有了一定的了解,再通过当面拜访,更进一步加强主讲人对讲座的重视,并借此与主讲人建立良好的业务关系,不仅有助于讲座业务的可持续发展,更有助于图书馆其他业务的拓展。

主讲人确定之后,讲座组织者需要向主讲人发出正式的书面邀请,规范的讲座邀请函需列明主讲人、讲座时间、讲座题目、讲座地点、联系人等确切信息。

下附国家图书馆《"部级领导干部历史文化讲座"邀请函》,以供参考。

邀　请　函

＊＊＊先生:

由中央国家机关工委、文化部、中国社会科学院主办,国家图书馆承办的"部级领导干部历史文化讲座"＊＊＊＊年第＊期拟于本年度＊＊月＊＊日举办。素仰先生学养丰厚,造诣精深,特邀请您作为本期"部级领导干部历史文化讲座"的主讲人,围绕"＊＊＊＊＊＊＊＊＊"这一主题,莅临赐教,不胜荣幸之至。

联系人:＊＊＊

联系电话:＊＊＊＊＊＊＊＊

国家图书馆

＊＊＊＊年＊＊月

二、确定讲座题目和内容

(一)讲座题目

讲座题目是讲座选题的表现,要充分体现组织者的选题意图,揭示讲座内容,体现选题的深度与意义。讲座选题发布后,如无特殊情况,不可更改。确定讲座题目要遵循以下原则:

第一,通俗易懂,用词达意。讲座题目旨在向听众传达讲座主要内容,因此,在遣词用语方面要选用通俗易懂的语言文字,避免使用生僻字词,避免过于专业的学术用语,避免过于空洞和华丽。

第二,新颖醒目,引人入胜。从讲座宣传的角度来说,第一眼吸引人的因素非讲座题目莫属。所以,主讲人在拟定讲座题目的时候,在紧扣讲座内容的前提下,力争做到新颖醒目但不牵强附会,引人入胜但不哗众取宠。

第三,立意创新,题旨清晰。讲座题目与讲座内容是一个有机统一的整体,讲座题目是对讲座内容的提炼升华,讲座内容是对讲座题目的阐释和发挥,忽略了两者的关系就容易陷入题不达意或者文不对题的误区。因此,拟定讲座题目既要清晰揭示讲座主题,又要有一定的新颖性和创造性。

(二)讲座内容

讲座内容直接关系到讲座的效果,决定着讲座的质量和美誉度。对内容的把握和沟通是讲座的重要环节之一。为确保讲座内容契合听众的需求,工作人员一般提前一个月或更多时间与主讲人联系,使主讲人对讲座的要求和特点有充分的了解,对讲座内容进行充分的准备。无论何种选题的讲座,其内容需遵循如下要求:

第一,遵守国家法律法规,符合国家大政方针政策。

第二,不得危害国家主权和领土完整,不得泄露国家秘密。

第三,不得煽动民族仇恨、民族歧视,破坏民族团结,或者侵害民族风俗、民族习惯。

第四,不得危害社会公德或者中华民族优秀文化传统。

如果说讲座选题和主讲人是把读者吸引到讲座现场的关键因素的话,那么讲座内容的好坏则是决定讲座效果的终极因素。关于讲座内容,组织者可以与主讲人在选题框架下进行充分的沟通和商榷,但不能要求主讲人按照组织者的思路进行演讲[①]。每一场讲座,对于主讲人来说都是多年学术研究精华的展现,主讲人根据讲座主题定位、选题框架,结合自己的研究成果及听众的关注重点,有选择、有倾向、有重点地组织讲座内容。既通过选题勾勒讲座主体框架,又给予主讲人充分的发挥空间,才能在既定的讲座时间内,给听众呈现一场听觉盛宴。

一场反响效果好的讲座往往在内容方面具备以下几点特质:

第一,深浅相宜不空洞。深度和宽度是讲座内容的两个不同维度,经验丰富的主讲人深知在两个小时左右的时间里,很难把一个选题讲深讲透,尤其是当听众是非专业研究人员的时候,过度对选题进行深层次的阐释只会给听众带来理解障碍。而讲座的内容如果过于宽泛的话,也会造成缺少重点,内容空洞的缺陷。所以,在内容的把握上,主讲人要全面衡量讲座的深度与宽度的关系,在深浅、宽窄之间寻求平衡。

第二,观点新颖不虚假。主讲人对选题所持的观点和态度也是评价一场讲座优劣的因素之一,新颖的观点固然能够推陈出新,吸引听众,但过于求新求异,有可能导致哗众取宠,名不副实。因此,新颖的观点需要详实的史料支撑、充分的论据保证、有力的论述护航。

第三,视角独特不孤僻。公共图书馆讲座举办多年之后,组织者会出现缺少新鲜选题的困惑,其实选题创新固然重要,但是面对相似的选题,不同的视角也能阐发新意。例如,同样是讲唐朝的兴衰,政治、经济、外交、军事、文化、科举都有大量的内容可以挖掘,即便是讲政治,也可以从国家统一、民族融合、官吏治理、制度改革等不同的视角切入。主讲人在选择讲座切入点时,要避免孤僻和生搬硬套。

第四,语言风趣不刻板。选题深刻、内容丰富、观点新颖、视角独特,基本上可以确立讲座成功的基调,如果再辅以风趣、幽默、富有激情的语言表达,则能更好地渲染讲座气氛,调动听众情绪,提高讲座的现场效果。

三、准备文案资料

文案资料主要是指讲座现场发放的参考资料。讲座参考资料对讲座起到不同程度的提示性作用。不同的讲座对文案资料的要求不尽相同,有些图书馆讲座只要求大纲式的文案资料,有些则要求比较详尽的文章式文案资

---

① 王惠君主编.基层图书馆.北京:国家图书馆出版社.2011.

料。文案资料可以说是讲座内容的书面表现,大纲式的文案资料在不增加主讲人的前期准备负担的情况下,告知听众讲座的大致内容,对听讲起到提示性作用。由于每场讲座都是主讲人多年学术研究的精华展现,它不可能像大学选修课一样,利用十几个课时把一个问题讲深讲透,所以有些图书馆讲座会要求主讲人提供比较详尽的文章式文案资料,这类资料对于主讲人来说,增加了前期准备的工作量,但是对于听众来说,有助于讲座之后的延伸学习。不管哪种类型的讲座文案资料,都要注意以下几点:

第一,形式简洁,风格统一。讲座文案资料的形式设计宜简洁,避免过于花哨和复杂的设计。如果讲座有统一的 CI 设计(Corporate Identity 的缩写,即"企业的统一化"或"企业开缘识别",将 CI 应用于图书馆,则可以理解为"组织形象识别①"),那么文案资料在形式上也要与该形象设计保持统一的风格。

第二,体例规范,条块清晰。文案资料要保持统一的体例规范,字体、字号、编号、项目符号、图片图表格式、正文标题的字体区别等等,一旦确定下来,不能随便调整,保持前后的一致性,这是讲座规范性的一种表现。文案资料主要包括主讲人简介、主讲人学术成果、讲座内容简介、延伸阅读、讲座信息反馈、下期讲座预告等模块,不同讲座在模块划分与取舍方面虽有不同,但保持清晰的模块划分有助于提高文案资料的结构性和规范性。

第三,重点突出,繁简相宜。文案资料的不同模块之间还要遵循重点突出、繁简相宜的原则。主讲人简介、讲座内容简介、延伸阅读一般作为重点予以突出,在编辑时要倾注更多的时间和精力去组织,读者意见反馈、下期讲座预告则简单揭示即可。

第四,文字正确,避免错误。文案资料编辑后,要进行多重审校,避免错误。这里的错误一般是指文字错误、标点符号错误、专业术语和专业知识错误等严重影响讲座内容,误导听众的错误。在讲座筹备过程中,文案资料通常要在讲座团队内部进行三至四遍审校,才能交付印制。

一般情况下,讲座文案资料主要涉及以下内容:

1. 主讲人简介

在文案资料中,对主讲人基本情况进行比较详实的介绍,既是对主讲人的尊重,也便于读者对主讲人有一个全面的了解,加深读者对主讲人的认识。主讲人基本情况介绍主要包括主讲人照片、出生年月、任职情况、研究方向、

① 马海霞. 公共图书馆 CI 设计的原则与方法. 图书馆学刊,2011(12).

学术成果等。为保证介绍的真实性,主讲人基本情况最好由本人提供,在本人提供信息不充分的情况下,可以借助网络、公开出版物等信息源。

2. 讲座内容简介

讲座主要内容是讲座的核心要素,也是读者最关注的内容。因此,在文案资料中占有重要的比重。讲座主要内容要与讲座主题贴近,语言文字要通俗易懂,不能有知识性的错误。讲座内容简介也是由主讲人提供,但是讲座组织者要安排专人对内容进行编辑审核。如果主讲人事务过于繁忙,无暇如期提供讲座内容介绍,可参考其本人出版或者刊发的与讲座选题贴近的书刊,经过删减、提炼等加工过程后,组织成符合要求的文案资料。

3. 延伸阅读

讲座是一场限时活动,公共图书馆讲座的时间一般控制在 2 小时以内,有限的时间之内,主讲人传递给听众的知识是有限的。为了丰富讲座内容,主办单位可以在文案资料中设置延伸阅读部分,以丰富、扩充与该场讲座主题相关的知识点。延伸阅读可以是对讲座主题的补充和完善,也可以是与讲座主题相关但观点不同的学者论述;可以是篇幅完整的学术论文,也可以是相关内容的主题摘要,还可以是与讲座主题相关的优选书目。好的延伸阅读不仅可以提升讲座的整体质量,丰富讲座内容,还可以从不同的侧面和纬度,引发读者的思考。

以国家图书馆承办的“部级领导干部历史文化讲座”为例,其讲座文案中的延伸阅读,主要由两部分构成,一部分是相关学者论述(提要),一部分是推荐书目。前者通常由 2 至 3 篇主题鲜明、观点明确、论述充分的学术论文构成。这部分内容一般由讲座承办方的工作人员充分发挥图书馆员在文献信息检索方面的专业优势,从期刊、报纸、图书中摘选有价值的学术论文,经过适当的删减编辑而成,这部分内容往往起到充实讲座内容、引发读者思考的作用。后者往往由主讲人推荐 3 至 5 种与讲座主题相关的学术著作,可以是主讲人本人的著作,也可以是该领域其他学者的学术论著,由工作人员对书目的基本信息予以编辑后发布。

四、制作讲座课件

讲座课件是与讲座内容相配套、辅助展示讲座精髓的演示文稿。使用讲座课件,往往可以起到理顺思路、简化内容、突出重点,从而增强与听众的互动,提高讲座效果等作用。因此,在当前的公共图书馆讲座中,使用课件演示成为一种趋势。课件制作及演示有如下要求：

第一，内容简明扼要。课件演示在讲座中主要起到画龙点睛的作用，由于讲座基本内容在讲座现场发放的纸质材料中已经有所体现，因此，课件内容要避免资料搬家的做法，不能将讲座资料单纯地搬移到屏幕上，或简单地理解为资料的替代品；而应该是讲座内容的提炼、完善、扩展，以简明扼要的方式突出主题。

第二，形式丰富多样。当前讲座课件模板多种多样，主讲人在选择时宜挑选与讲座主题相呼应，或者与讲座品牌定位相宜的模板。多采用图片、图标、动画、超链接、多媒体等多种表现形式，增强课件演示效果，活跃课堂气氛，提高讲座质量。图片使用要贴切，准确表达讲座主题；画面要清晰明朗，使听众能够看清细节。音频、视频、动画的运用切忌过多，本着宁缺毋滥的原则，防止不必要的声音、视频、动画干扰正常讲座秩序。当制作课件的电脑和讲座现场用于演示课件的电脑不是同一部电脑时，制作课件所需的超链接一定要同步拷贝到演示课件的电脑上，以免造成讲座时因路径消失而导致超链接无法演示的情况。

第三，排版美观精炼。讲座课件在制作过程中要注意色彩选择，避免白底黑字的简单模式，同时色彩也不宜过分浓烈，易分散听众的注意力。文字不能过多，要精炼，体现重点；排版不能过密，要适中，既有悦目美感，又减轻阅读难度；字体要清晰、大方、美观；字号选择要保证后排听众看得清楚。一场讲座的幻灯片张数以不超过 30 张为宜，幻灯片张数太少应该考虑有无使用多媒体的必要。

第四，演示便于操作。讲座课件除了内容简明扼要、形式引人入胜之外，在演示方面也要便于操作。有些讲座课件为了突出演示效果，制作的过于复杂，导致播放设备因缺乏相应的软件支持而不能演示，因此，课件制作时要充分考虑播放设备的通用性、普遍性，以免讲座现场出现不能演示的情况。

五、制作听众意见反馈表

一个成熟的讲座品牌，往往非常重视听众意见反馈。听众意见反馈不仅是评价讲座效果的重要指标，也是讲座选题策划的重要依据，因为在讲座文案准备阶段，要做好听众意见反馈的相关准备工作。反馈信息主要包括听众对讲座选题、讲座内容、主讲人演讲效果、讲座形式、讲座推荐图书、现场环境与设施等多方面的内容。讲座组织者可采取现场询问、问卷调查、填写反馈意见表、召开座谈会的方式收集听众的反馈意见,也可以利用网络如 qq、微信等多媒体形式,鼓励听众自由表达想法。

无论采取哪种反馈方式,讲座组织者都要对拟收集到的反馈信息进行前期设计,并对收集到的反馈情况进行科学合理的统计分析。

以国家图书馆“部级领导干部历史文化讲座”为例,每期讲座现场发放的《征求意见表》是讲座组织者收集听众意见的主要方式(详见附录一:《征求意见表》),《讲座意见统计表》是对讲座效果进行汇总、统计、评估的方式之一(详见附录二:《讲座意见统计表》)。

听众人数统计:该部分主要用来统计当期讲座的实际参加人数,有条件的图书馆可以根据听众年龄、职业、学历等因素,对听众进行简单的分类,并以此为依据对听众的意见进行梳理分析。

满意率统计:该部分主要由听众对当期讲座的满意度进行评价,一般可以分为非常满意、满意、不满意、没有意见(个别听众不想表达满意与否)等四项,根据反馈数量,分项目进行满意率统计。一般情况下,非常满意率与满意率之和达到90%的时候,基本上可以说明该场讲座比较受听众欢迎。

当期意见反馈:上述两项统计方式,仅仅是从数据上对当期讲座的效果进行简单的统计,还需设置“当期讲座反馈”栏目,由听众以文字的形式表达对当期讲座的意见,或谈感想、建议,充分表达想法。讲座组织者应充分重视当期反馈意见,认真汇总、梳理、分析,不断汲取经验教训,完善讲座中存在的问题,努力提高讲座质量。梳理后的反馈意见,可以通过邮件、电话的形式,向当期讲座主讲人反馈,以便其及时了解讲座效果。

六、发布讲座信息,组织听众

讲座信息发布是筹备工作中的重要环节之一,听众可以据此获知讲座题目、主讲人、讲座时间与地点、主要内容等重要信息,以便根据自己的需求有选择地参与讲座。信息发布不充分,有可能使讲座效果大打折扣。社会信息化的快速发展,促使讲座信息发布越来越多元化,根据发布主体,可以分为自主发布、联合发布、单位交换;根据发布媒介可以分为:报刊发布、网络发布、新媒体发布等;根据受众,可以分为公开发布和定向发布;根据发布频次可以分为:一月一发、一期一发等;根据发布方式可以分为:利用馆内资源发布、利用馆外资源发布、利用社交网络发布、单位之间定向交换等。下面根据发布方式的不同,对信息发布途径予以简单介绍。

一是利用馆内资源发布。公共图书馆可以充分利用官方网站平台、手机客户端、微信平台、馆内宣传栏、馆刊馆报、宣传手册、张贴海报等多种方式发布讲座信息及与讲座相关的读者活动等。利用馆内资源宣传最好形成固定的模式，在固定的载体上，定期发布。二是利用馆外资源发布。公共图书馆可以充分利用有良好合作关系的媒体（如报纸、电台、电视台、网络）、高校、政府部门、社会团体等社会资源，发布讲座信息，扩大宣传，增加信息受众面，提高公众对讲座的认知度。三是利用社交网络发布。随着社会信息化的快速发展，社交网络已经成为人类社会交往不可或缺的一个组成部分，QQ、微信群、微信公众平台、豆瓣等多种多样的虚拟空间受到越来越多的年轻人青睐，充分利用社交网络资源，挖掘信息传递的新模式，有助于讲座多元化发展。四是单位之间定向交换。公共图书馆讲座如果因为讲座内容受限、听众受限等因素，不能对公众开放的话，信息发布时一般采取单位之间定向交换的方式。如对于某些领导干部讲座，利用这种方式可以达到在信息传递的同时，又在一定范围内控制信息扩散的效果。单位之间定向交换讲座信息，要特别强调讲座的组织性和纪律性，听众一般持收到的讲座邀请函、请柬、听课证等听课凭证参与讲座，听课凭证不能随意转让他人。

七、布置讲座现场

讲座现场是广大听众感受、认识图书馆的第一重要现场，现场环境的好坏、软硬件设施是否先进，不仅影响主讲人水平的发挥，也影响到听众在讲座过程中的文化享受，甚至影响到讲座后期资料的整理和衍生产品的开发。因此，应根据讲座主题、听众数量、讲座形式、活动性质等选择恰当的讲座地点保证讲座的效果。

场地确定之后，一般应在讲座前一天下午布置讲座现场。主要工作有：

第一，打扫卫生。讲座场所属于公共场所，未必需要多么豪华，但一定要保持整洁和美观，为听众提供舒适的环境。所以每次讲座之前，需要提前对场所卫生进行打扫，清理卫生死角。另外，还要定期清洗窗帘、椅套、地板地毯等设施，给听众提供一个整洁美观的讲座环境。

第二，现场布置。讲座现场一般分为两个主要区域，分别是讲台和听众区。不同区域在现场布置时有不同的要求。讲台布置的主要内容是布置讲座背景板，突显讲座主题；根据讲座形式和主讲人的习惯，布置讲桌和座椅。一般情况下，在讲台中间放置讲桌和座椅即可，如果是双人对话式的讲座，可以撤掉讲桌,在讲台合适位置布置两把座椅即可,这种布置模式一般适合氛围轻松的讲座。如果主讲人喜欢站立讲座,则需提前布置立式讲桌。另外,在讲台上适当摆放绿植和鲜花,可以美化讲座环境。

一般情况下,听众区域的桌椅都是固定的,数量也是有限的,但是考虑到有些讲座会出现听众增多的情况,应在安全通道之外,增加折叠椅。讲座结束后,工作人员应第一时间撤掉折叠椅,避免阻碍疏散听众。听众区域布置的另一个主要内容就是摆放文案资料,工作人员按照既定的要求将文案资料摆放在固定的位置,便于听众取阅。

第三,调试设备。讲座前一天,要安排专业人员对现场设备进行调试,包括电脑、灯光、音响、麦克风、空调、投影仪、刷卡器、录音录像设备、音视频播放设备、备用设备等,最好按照当天讲座流程,对所有的设备进行测试并调整到位,保证设备正常使用。如:

电脑软硬件配置要符合讲座课件以及相关音视频资料的播放需求。

灯光照明要适应讲座现场的需要,应根据讲座不同阶段的需求有所变化和调整。比如,听众做笔记的时候需要较亮的光线,而播放投影时又需要把光线调暗一点。

音响、麦克风调节要保证讲座现场每个角落都能听清,但声音也不必过大。

空调调节要保证听众在一个相对舒适的环境中学习,最宜人的室内温湿度是:冬天温度为18摄氏度至25摄氏度,湿度为30%至80%;夏天温度为23摄氏度至28摄氏度,湿度为30%至60%。在装有空调的室内,室温应保持在19摄氏度至24摄氏度,湿度为40%至50%时,人感到最舒适。

讲座其他设备的调试均以能满足讲座需要为合格标准。

第四,人员安排。讲座前一天,要对参加当期讲座的工作人员进行会场分工,安排工作职责,确保主讲人接待、读者接待、资料发放、录音录像、音响调控、现场疏导、车辆调度都要有专人负责,并由主管领导担任现场总协调人或者调度人,对讲座当天的现场情况进行统一指挥。

第五,安全检查。卫生打扫干净,现场布置完毕,设备调制成功,人员安排到位之后,应由馆内安全保卫部门派人到讲座现场进行安全检查,尤其要对门窗、电力设备、消防设施、安全通道等进行重点核查,避免安全隐患。

第二节　讲座实施

讲座实施阶段是实现讲座的核心环节，其任务是切实做好讲座现场的协调、管理、服务、保障、应急等事项，及时处理突发性事件，确保讲座的顺利进行。

一、讲座现场工作内容

在讲座开展过程中，场地的布置、听众的组织、现场秩序的维护是很重要的。要根据讲座主题布置相应的环境，准备好嘉宾讲演所必需的设备，比如话筒、投影机、音响设施等。同时，如果条件允许，还应该在外国嘉宾讲座时配备同声传译，以便听众即时了解讲座内容。考虑到残障听众的特殊情况，也需要图书馆特别对待，想出解决的对策，为听众提供平等的服务。图书馆还应当做好听众的指引和接待工作，维持听众进场和退场的秩序，听众凭票入场按顺序入座，在进场完毕后，维持现场秩序，确保听众将手机关机或调至振动，以免影响周围听众。同时，在讲座会场禁止吸烟、吃东西、交头接耳。在与嘉宾互动时，将话筒等传至提问的听众，确保整个讲座过程安定有序。同时，图书馆应当为听众提供便利的服务，指引听众正确到达讲座举办地点，提供正确的交通路线资讯①。另外，有条件的图书馆，应尽可能地为讲座配置专业的摄影摄像、录音等设备，并由专职人员负责保管与使用，为后期的视频制作、书刊出版做好资料储备工作。

（一）设备保障

为保证讲座设备的正常运行，应在听众未到达讲座现场前，再次对音响、投影、笔记本电脑等设备进行检查、调试，确保所有设备的正常运行，以避免讲座正式开始后因设备突发故障需现场调试的被动局面。同时，对主讲人提供的电子文件再次进行调试，确保在讲座中能够正常使用。当然，讲座是动态进行的，常出现主讲老师来到讲座现场后，在开讲前几分钟要修改演示文稿的局面，这时，工作人员应保持冷静，找到要修改的部分，替换即可，避免因文稿替换出现错误的情况发生。

---

① 陈莉莉. 论开展公共图书馆讲座的策略. 科技情报开发与经济，2010(1).

（二）接送主讲人

为表示对主讲人的尊重，并保证讲座的顺利进行，组织方需提前与主讲人商议行程安排和交通工具，了解主讲人是否有助手随从及讲座结束后是否有特殊安排。一般情况下，需提前半个小时或 20 分钟将主讲人接到讲座现场，做好主讲人的接待，使其熟悉讲座环境、调整状态等，并完成讲座留言、授权书签署等事项。讲座结束后按照主讲人的意愿将其送往目的地。在主讲人接送的过程中，要做到细心周到、互相尊重、从容大方。

（三）现场主持

在讲座现场，除主讲人外，最令人瞩目的角色莫过于讲座主持人。讲座主持人的工作贯穿讲座始终，出色的主持人应拥有一定的知识修养，还需要在讲座前做好充分的准备工作。只有准备充分，才能在讲座现场游刃有余，起到抛砖引玉的作用。如果讲座内容涉及敏感问题，还要注意把握现场气氛，使听众反应不致激烈。讲座结束后的结语点评，往往体现主持人的独到见解，对讲座起到画龙点睛的作用。

讲座之后，主讲人与听众的互动环节尤其考验主持人反应是否迅速、能否调控现场的能力。即兴交流是公益讲座的重要魅力所在，这种交流体现在主讲人与听众的问与答之间。由于现场活动具有很多的不可预知性，主持人的应变能力、控制现场能力至关重要，直接影响到讲座的质量。当然，无论开场、交流还是总结，主持人都应摆正自己与主讲人、观众的关系，不可先声夺人、喧宾夺主。

（四）听众服务

听众是讲座的听众，做好听众的服务工作是讲座的重要环节之一，也是培养、扶植听众群体，随时了解听众反馈的重要一环。听众服务已融入讲座的各个环节，如预约服务、讲座预告服务、点播服务、定制服务等，本部分主要阐述讲座现场服务。

1. 发放讲座资料。讲座现场一般会发放当期讲座资料或者与讲座相关的图书、报刊等，所有资料应有统一格式和标识，加深听众对讲座的印象。本着节约成本、经济适度的原则，讲座资料应控制发放范围，一人一份，避免多拿多领。

2. 听众签到。组织方应在讲座现场醒目位置布置签到台，便于听众随到随签，一方面便于组织者及时了解听众人数和基本情况，另一方面也便于突发事件的现场处置。

3. 热情引导。听众满载希望而来，特别是有第一次聆听讲座的听众，对讲座场地不十分熟悉，因此，工作人员应做好现场听众的引导工作，使听众感觉到受重视、受欢迎，并尽快引导听众找到合适的座位，保证现场的井然有序。若发放参考资料，也应提前备好，以便听众到来时有序领取。

4. 备好椅子和话筒。讲座选题以及主讲人不同，听众的反响也会不同，如主讲人名气大，听众就可能爆满，这时应准备好备用椅子，以便使听众都能有座位。讲座结束后的互动环节，应备好话筒，及时送到提问听众手中，便于主讲人和现场听众听到清晰的提问。

（五）讲座拍摄

讲座现场录音录像的目的不仅是为了存档备用，更多的目的是为了制作衍生产品，在更大范围内传播讲座成果，扩大讲座影响等。讲座拍摄不仅要客观反映讲座过程，还要充分反映主讲人的讲座思路和讲座艺术。摄制者要以讲座整体思路为指导，充分利用拍摄技术和技巧，摄制出优质的讲座录像。

1. 拍摄前的准备。

第一，拍摄人员事前要与主讲人、组织者做好沟通，对讲座提纲、讲座内容、讲座过程所需的方式方法和互动环节有一定的了解，然后策划相应的拍摄方案，以做到心中有数。

第二，熟悉拍摄环境，包括场地大小、光线强弱、桌椅摆放位置、电源位置、背景板是否反光等，这些问题稍不注意，就会影响拍摄质量，甚至使拍摄工作前功尽弃。

第三，准备拍摄器材，选择拍摄位置。工作人员要事先准备好符合拍摄要求的摄像机、DV 带、三脚架、电源、白纸或白板等，并试拍 1 分钟，检查拍摄效果，有问题及时调整。机位的选择也非常重要，为达到较好的拍摄效果，最好选择双机位拍摄，主机主要用来拍摄主讲人，游机用来拍摄各种场景。

2. 拍摄技巧。

第一，恰当设置机位，正确使用场景。讲座视频拍摄一般情况下常用全景、中景、近景等三种景别。全景主要用于讲座现场的全景展示，如现场环境、主讲人和听众的表现等；中景主要摄取人物膝盖以上部分的画面，这种取景方式能使观众看清人物表情，而且有利于显示人物的形体动作；近景常被用来细致地表现人物的面部神态和情绪，例如现场观众听课的神态等。

第二，掌握基本要素、力求画面稳定。画面的稳定是视频拍摄的第一要务，在拍摄时，必须严格遵守平、稳、准、匀这四个基本要领进行操作。掌握正确的操作要领是每个摄像者必备的基本功，有了过硬的基本功才能在拍摄时得心应手，拍摄出高水平的讲座视频。

第三，要保证构图完整，避免出现头像、人脸、肢体不完整的情况；主讲人如果是站立式讲座的，需要提前了解主讲人的走动方向；同时要避免拍摄听众玩手机、开小差或者不文明的动作。

第四，补拍的问题。由于某些特殊原因造成讲座中断或者重要镜头没有拍摄下来，抑或主讲人或主持人发生重大口误，不便于进行后期制作，需要补拍部分镜头以避免讲座视频不完整或者信息缺失。这种情况下进行补拍，一要保证拍摄场景、人员与原始讲座一致，二要补拍视频与原始视频的衔接要自然。

（六）突发事件的应急处理

讲座突发事件是指在讲座过程中，突然发生的、无法预料的、难以应对的，必须采取非常规方法来处理的事件。一方面是指事件发生、发展的速度很快，出乎意料；另一方面是指事件需采取非常规方法应对。突发事件往往具有突发性、危害严重性、发展变化不确定性、处置紧迫性、影响广泛性等特点。讲座现场的工作人员还必须保持一种机警敏锐的精神状态来面对不确定的突发事件。

1. 讲座延迟。如果有主讲人迟到等情况出现，讲座需要延迟，应当通过主持人如实告知听众相关情况。工作人员可预先准备有关图书馆的宣传图册，或与讲座主题相关的音视频资料，以往讲座光盘等，以备不时之需。比如：国家图书馆“国图讲坛”就备有讲座宣传短片，可在讲座前向听众播放，一旦发生讲座延迟的情况，可以得到有效的补救。

2. 讲座延期。由于特殊原因，讲座延期举办的情况时有出现。这种情况一旦出现，一定要在第一时间告知听众，可以采取网站发布消息、给固定听众发微信、短信或电话通知等方式。若时间允许，工作人员还应当进行讲座信息的更新，并说明讲座更改的情况，向听众致以歉意。

3. 设备故障。讲座过程如遇突发性的设备故障，应分不同情况，采取不同的处理措施。对于通过简单处理可以快速解决的设备故障,应迅速组织相关技术人员妥善解决。对于无法快速解决的设备故障,如果不影响讲座整体进程,例如投影故障,可以在没有投影播放的情况下,继续讲座;如果是影响讲座进程的设备故障,例如停电、音响故障等,可以在取得听众谅解的前提下暂停讲座,并与主讲人协商日后再安排相关讲座。

4. 主讲人或听众突发疾病。讲座现场人员密集,有条件的图书馆应在讲座现场配备一名医疗人员,以应对主讲人或者听众突发疾病的情况出现,需要送医院就医的,应在第一时间与医疗机构取得联系,确保病患在第一时间得到救治。

5. 不可抗力因素导致讲座无法顺利进行。讲座当天如果发生不可抗力因素导致讲座无法顺利进行的,需在保卫部门的统一指挥下,迅速、高效地组织现场人员撤离,或转移到安全地带,待不可抗力因素消失后再组织人员撤离。由于不可抗力因素往往具有发生突然、破坏力强等特点,因此讲座组织者应在日常工作中择机安排应急演练等活动,防患于未然。

(七)安全保卫

2007 年 8 月 29 日国务院第 190 次常务会议通过《大型群众性活动安全管理条例》,该条例是针对参加人数达 1000 人以上的活动。图书馆讲座是一项人员密集型活动,具有参加人员多、危险系数高、安全问题突出等特点,一旦发生安全事故,容易造成群体性伤害。因此,应参照该《条例》做好讲座期间的安全保卫工作,以保障每次讲座的顺利举办。安全保卫工作应遵循安全第一、预防为主;制度先行、措施有效;发现问题、及时处理;落实责任、听众监督的原则。

1. 应急处置。突发事件一旦发生,需要及时启动相关预警设施,立即进入应急处置与救援阶段。这就要求工作人员或安全保卫人员对事件产生的各种影响进行整理分析,对事件未来的发展趋势进行预测,做出相应的应急决策。值得注意的是,有些突发事件可能是原先所未能遇见和预料的类型,这时就需要生成快速预案进行应急处置。准确把握最佳的响应时间,是有效应对突发事件的关键,应急延迟势必导致重大人员伤害和财产损失,甚至导致应急失败、事故升级。

2. 应急疏散。讲座的一大特点就是人群短暂性的高密度聚集,一旦发生突发事件,最重要的问题之一就是如何在最短的时间内把人群安全地疏散出去。因此,现场工作人员在紧急疏散的过程中具有组织和疏导人流的责任,应使用有效的通讯广播系统,缩短人员反应时间,把有用的信息及时传递给人群,及时疏散出口、必经通道等关键部位,为人员的快速离开提供保障。

二、讲座现场工作准则

(一)目标一致,精干高效

讲座当天,所有工作人员都为一个目标而行事,那就是讲座的顺利进行并完成。任何影响到讲座进程的事情,工作人员都要及时排除和解决。所谓的精干高效,指的是高素质人员有着较高的工作效率,并能灵活地处理问题。这一点是讲座现场工作的基本准则,也是讲座顺利进行的前提保障之一。面向公众的讲座,现场大多有两名以上的工作人员,相互间的配合以及高效的工作效率也是保证讲座顺利进行的有利条件。

(二)分工协作,责权分明

一场讲座,资料、设备等物质实体虽然很重要,但最重要的要素却是人员。没有人员的存在,一切都是免谈。因此,为了使工作人员能够有效地配合,产生合力,组织者们必须要注重职务的明确、分工的明确、责任与权力的相符等一系列的工作原则,以使讲座能够协作有序地进行下去。其中,责权关系是讲座现场工作的核心内容。在现场工作过程中,应该明确各部门、各职位与讲座之间的责权关系,使得参与到讲座工作中的每位成员都明确自己应该干什么,有哪些职责。这是保持讲座现场工作稳定性并取得好的效果的前提条件。

(三)热情有礼,周到细致

讲座现场人员的工作核心是围绕听众的需要和满意而进行服务工作。因此,工作人员应本着以下三点原则进行:“一是自律,在服务过程中,克己、慎重、自我约束,不妄自尊大;二是适度,适度得体,掌握分寸,不能过分有礼,让人产生距离感,也不能吊儿郎当,甚至傲慢无礼;三是真诚,诚心诚意,热情有礼,周到细致,以诚待人。”[①]这样做,从单位、组织方的角度来说,可以塑造

① 王惠君.基层图书馆公益讲座.北京:国家图书馆出版社,2011.

单位和组织方的形象，提高服务对象的满意度和美誉度，并最终达到提升单位、组织方服务效益的目的。

（四）快速反应，妥善处理

讲座前期筹备已经把常规工作尽可能地做到了圆满，现场多为非常规或突发事件，这就要求工作人员必须快速对事情做出准确判断，快速反应、及时控制、妥善处理。对问题处理的得当与否，不仅代表着个人的能力与素养，同时还体现着讲座团队的形象及荣誉。比如国家图书馆“部级领导干部历史文化讲座”，参加听讲的都是在京的副部级以上的领导，那么讲座现场出现任何问题，不仅影响讲座质量，同时影响国家图书馆的形象。因此，对现场问题的快速反应、及时控制、妥善处理是对工作人员在基础工作之上的更高要求，也是讲座高标准完成的主要附着点。

总之，现场工作需要在衔接和细节上下功夫。为确保每次讲座圆满顺利，抓好讲座服务的环节是关键，细节是根本，只有把每一个细节当作大事抓，把每件小事当作大事做，做到细致周密，服务到位，才能确保讲座的万无一失。

第三节　讲座后续

讲座举办之后，意味着讲座现场工作的结束，但仍有很多后续工作要做，如讲座资料整理和归档、讲座成果的再次传播、讲座点评和总结等，这些后续工作也是讲座工作的重要环节。

一、讲座资料整理

讲座现场，通过摄影、录像、录音等各种方式，为讲座留下珍贵资料。为了使讲座内容得到有效保存及充分利用，组织者应尽快对讲座资料进行整理[①]。讲座资料的整理包括以下几个方面：

① 王惠君. 基层图书馆公益讲座. 北京：国家图书馆出版社，2011.

（一）音频资料编辑整理

讲座是一种口头语言表达活动，在讲座后期应当及时对讲座音频进行整理，因为这是后续工作的第一步，也是重中之重。没有对音频资料的整理，后面的工作就无法进行。

第一步，先通过专业的速记人员把讲座录音一字不落地记录下来，即先将音频转化为文字稿，这是音频整理的第一步。第二步，工作人员对记录下来的录音文字稿进行校对和适度的加工。一方面在不损失表达原意的基础上合并过于重复的语句；另一方面去除过于口语化的成分，但需要保持口语风格。第三步，将整理后的文字稿交由主讲人审阅，在征得其同意的情况下方可使用。在录音文字稿整理过程中，工作人员应当保持谨慎、认真的态度，不遗漏任何有问题的词语或句子，对一些内容模糊或难以识别的内容，工作人员可以参照原有资料或再次联系主讲人，征求主讲人意见，以确保文字准确。

（二）光盘字幕校对整理

配有字幕的讲座光盘能够使听众更加清晰地理解和把握讲座精髓，尤其在涉及历史文献、专业术语等方面的讲座中，字幕的作用显得尤其重要。有了字幕的辅助，便于听众准确地捕捉相关知识要点。

经过编辑整理过的文字稿，就是光盘字幕的雏形。光盘字幕校对整理应遵循的原则：

1. 尊重主讲老师的表达习惯，不做过度的调整。

2. 删减不适宜广泛传播的政治观点或者个人看法。

3. 删减冗繁的口语，如重复出现的非特指的口头语“这个”“那个”“那么”等，可直接删去。

4. 酌情整合连续出现的重复性表述。

5. 修正口误，直接把主讲老师的错误表达修正为正确表达。

6. 修正不规范表述。对讲座中出现的年代、地名、人名、书名等专有名词表达不完整、不规范的地方，要修正为规范完整的表达方式。

7. 光盘字幕中不出现作为断句的标点符号。

8. 数字使用要统一，不能同时出现大写数字和阿拉伯数字的交叉使用。

9. 光盘字幕应清晰规范，无错别字，并保持统一的字体、字号等。

10. 字幕断句要直观易懂，同时单行字幕断句应相对完整。

11. 字幕要具有可读性，字幕停留的时间要足够观众阅读，和音频保持同步，且字幕不遮盖画面本身有效内容。

12. 鉴于观众的阅读习惯，字幕一般在画面底部居中排版。

当然，由于主讲老师和主讲内容的不同，在字幕校对过程中，也会出现许多不同的问题，应注意的事项还有很多，这里不能一一列举，可根据具体情况处理。

（三）书稿编辑

书稿整理的最终目的是为了集结出版讲座系列图书，这是将讲座内容以固化方式进行传播的重要途径。基于这一目的的书稿编辑大致经历三个步骤：一是选题，二是整理，三是审稿。

第一，选题。这是图书出版之前对图书题材的大致规划，由于公共图书馆讲座题材众多、内容丰富，一般情况下很难将全年讲座悉数整理、集结出版，所以需在分析梳理社会需求、出版需要的基础之上，明确讲座图书出版的主题。文学、历史、哲学、政治、经济、宗教、社会、艺术、生活等等，都可以作为讲座图书编辑整理之前的选题分类。讲座书稿的选题需遵循以下原则：

突出知识性。根据国家新闻出版广电总局发布的统计信息显示，2014 年全国共出版图书 448431 种①，在如此大规模的图书市场中，讲座图书若需占有一席之地，创立讲座图书品牌，必须在选题时注重知识性、思想性内容的挖掘和提炼。

体现可读性。公共图书馆讲座选题涉及面非常宽阔，有些选题或因内容过于专业生涩，或因主讲人演讲不精彩，即便形成书稿也难以赢得听众的阅读兴趣，这类选题因可读性较弱不适宜集结成册。

反映时代性。基于图书市场竞争激烈，那些能够反映时代热点，凸显时代主题的图书往往能够取得良好的经济效益和社会效益，因此在书稿的选题过程中，也要遵循时代的需求。

第二，整理。整理就是将主讲人口语表达的讲座内容，根据录音整理成可以出版的图书的过程。这不仅仅是口语书面化的过程，更是梳理讲座思

---

① 《2014 年全国新闻出版业基本情况》. 国家新闻出版广电总局. 统计公报. 索引号：00417 - 00000 - 2015 - 00699.

路、构建框架、调整逻辑、优化语言的过程，这个过程对工作人员的要求比较高。一要具备较强的文字编辑能力，将口语化的讲座内容整理成通顺晓畅的书面语言；二要具有多学科的专业知识，能准确地表达讲座内容；三要具有逻辑性、思想性和知识性，使讲座中零散的知识要点自然融合，形成规范文章。

书稿编辑需遵循以下原则：一，尽量保持主讲人的原意，切忌内容支离破碎，纯粹简单的堆砌；二，根据讲座内容，调整段落结构，对内容较敏感的部分以及重复的语句和段落进行适当删减、调整；三，对讲座内容或一些词语有不确定之处或经查证后仍不能确定的情况下，应征求主讲人的意见，以保证文稿的准确性；四，整理好的讲稿，在结集出版之前，应发给主讲人，征求主讲人的意见，并请主讲人对不妥之处进行修改。

第三，审稿。也就是鉴别、判断书稿质量，识别和挑选出优秀的讲座内容。写成的书稿只有经过审稿决定采用才能传播和发挥效益。审稿是一种对书稿进行科学分析判断的理性活动，它不同于对图书的浏览和阅读，不能根据审读者个人的观点和爱好情趣决定取舍，而是代表社会和读者对书稿做出的理性判断。它也不同于研究者对研究资料的阅读，而是从出版专业的角度，对书稿内容由表及里、由浅入深、全面反复地进行审视，以做出取舍的正确判断。经过退修的书稿要出具详细的审读意见，工作人员应在退修过程中加强与作者的联系，使书稿修改后符合出版要求。

（四）视频资料编辑

视频编辑就是先用摄影机摄录下预期的影像，再在电脑上用视频编辑软件将影像制作成碟片的编辑过程。通常的视频编辑主要有线性编辑和非线性编辑。线性编辑指的是磁带编辑。节目编成后要想删除、加长、缩短中间某一段是十分困难的，除非在那段之后重编。素材顺序也不能随意改变，很不方便。线性编辑就像打字机一样，稿子中间的部分是不能像计算机打字那样，方便地进行插入编辑和修改的。非线性编辑是指素材的长短和顺序可以不按制作的先后次序进行任意编辑。对素材可以随意地改变其先后次序，缩短或加长其中的某一段。可从前向后进行编辑，也可从后向前进行编辑、或分成段落进行编辑。一个镜头能极方便地直接插入到节目的任意位置，也可将任意位置的镜头从节目中删除等。

1. 视频编辑处理要求

第一，选择摄像质量好的镜头，注意多景别、多角度、多视点，避免重复。

第二，镜头组接要合乎逻辑，景别过渡、光线和色调过渡要自然，要遵循镜头调度的轴线规律，声画处理要同步，要让观众感觉到所有的画面是一气呵成的。

第三，一些繁琐、重复、拖沓的镜头要加以精简，对一些同一动作的内容（如学生写作、制作、实验、听众讨论等）可通过镜头的转换来省略一些不必要的过程。

第四，视频编辑处理的目的如果是为了制作光盘出版发行，则需遵循国家关于出版物的相关规定，删减不适宜出版的镜头。

2. 非线性编辑

现在绝大多数公共图书馆讲座视频都采取非线性编辑系统，非线性编辑没有采用磁带，而是使用硬盘作为存储介质，记录数字化的音视频信号。非线性编辑的工作流程主要分成素材采集与输入、素材编辑、特技处理、字幕制作、输出和生成等五大步骤。非线性编辑系统具有信号质量高、制作水平高、节约投资、保护投资、网络化等方面的优越性。与此同时，非线性编辑也存在一些不足，例如，因非线性编辑系统的操作与传统不同，显得比较“专业化”；受硬盘容量限制，记录内容有限；实时制作受到技术制约，特技等内容不能太复杂；图像信号压缩有损失，以及必须预先把素材装入非线性编辑系统之中，等等。随着非编技术的不断进步，非编软硬件也在不断地更新换代，相信上述所提到的这些问题，将来一定会得到解决。

当前公共图书馆都非常重视讲座视频资料的编辑整理，这是讲座成果传播的前提。因此有条件的图书馆多数都会使用非线性编辑方式对讲座过程中拍摄的图像照片、音视频资料进行高质量的编辑处理。该工作可以由图书馆内部相关部门负责，也可以以外包的形式由馆外机构负责。

二、讲座档案管理

明代内阁大学士邱濬认为，档案的作用是“今世赖之以知古，后世赖之以知今”。对于图书馆工作来说，档案的重要性不言自明，而图书馆开展的讲座，积累了大量的资料，翔实地记录了讲座的发展历程和相关情况，应在遵循完整性、统一性的原则基础上，对每期讲座的文案、照片、录音录像、主讲人的题词、签名、授权书、听众意见调查表、讲稿、光盘、新闻媒体报道等各类型资料进行整理归档，完整记录讲座过程，以便今后查询和利用。

（一）讲座档案管理

讲座档案管理是指将处于零乱的和需要进一步条理化的讲座档案，进行基本的分类、组合、排列、编目、立卷等，组成有序体系的过程。

1. 讲座档案管理任务

第一，遵守各个公共图书馆档案管理工作规范，执行档案管理办法。

第二，在馆档案室的指导下收集讲座业务过程中形成的、具有保存利用价值的文件、实物、各类型资料等，并按照要求进行分类整理，做好讲座档案的整理和归档。

第三，按照规定开放利用讲座档案。

2. 讲座档案管理的基本要求

第一，遵循讲座资料的形成规律和特点，保持相关材料之间的有机联系。

第二，区分讲座资料的价值，确定档案的保管期限。

第三，便于保管和利用。

3. 讲座档案管理范围

第一，文字档案。主要有策划方案、宣传方案、主讲人文稿、讲座简介、听众意见反馈、签到表、主讲人留言、授权书、邀请函等。

第二，实物档案。主要是请柬、听课证件、相关图书等。

第三，照片档案。讲座过程中拍摄的照片，或者围绕讲座业务开展而形成的照片资料。

第四，音视频档案。讲座录音、拍摄素材、视频资料等。

本着方便工作的原则，上述档案资料最好一式两份，一份交由馆档案室统一保存，一份留为自用，以备不时之需。

4. 讲座档案管理方法

传统上的档案整理，一般是以卷为单位，“卷”是主观形成的文件组合，牵扯到比较多的分类标准，由于组卷工作存在很大的主观随意性且对组卷人员有较高的档案管理知识要求，因此在实际工作中，越来越多的单位改为以“件”作为档案管理的基本单位。

一般而言，图书馆讲座档案的管理会以时间为顺序进行整理，但也有以其他为依据的保存方式。比如：以讲座类型、讲座系列、主讲老师、主讲人与时间顺序相结合、讲座系列与时间相结合等。无论采用哪种方式，只要能够有效保存资料，并在需要的时候能够以最方便快捷的方式获取，都是可以采纳利用的。

为了便于日后查阅，还要制作档案存放目录，把讲座题目、地点、时间、主讲人、讲座资料、资料摆放位置等具体信息一一记录。而对于课程光盘的讲座资料，要在不影响播放的情况下，在光盘表面标明讲座时间、题目及主讲人等相关信息。

在整个归档的过程中，工作人员应将保存的资料统一规格、标明出处。按照时间、类型、主题等，将相关资料汇集成册，加以编号，便于检索。为避免刻制成为光盘的资料日后因气候变化等原因无法使用的情况，工作人员还应将资料进行备份存档，同时做好电子档案的整理与归档，比如建立讲座视频库，将资料信息上传到网络。国家图书馆“部级领导干部历史文化讲座”就建立了讲座网站及视频库，其中的一项功能就是存档使用，所有关于讲座的资料都可以在网站和视频库中找到。

下图是部级领导干部历史文化讲座视频库主页面。

5. 讲座照片档案管理

讲座照片档案是指在讲座业务中形成的，具有保存价值的，能够真实反映讲座面貌，以形象的方式记录信息并辅以文字说明的历史记录。照片档案一般分为两类：一类是感光成像照片档案，即以感光材料为载体，以影像为保存方式的历史记录，一般包括底片、照片、说明三部分；另一类是数码照片档案，即以数码相机、数码摄像机、扫描仪等设备获取的，以数码形式存储的，依赖计算机系统阅读和处理，并可在互联网传送的静态图像文件。照片档案整理流程：收集——挑选——排列——编号——拟写说明——著录——贴注标签。讲座照片一般以每场讲座或活动为单位进行整理，可以按月归档也可以集中到年底统一归档。

①感光照片档案管理。感光照片的底片在保证质量的前提下，需入册管理；冲印后的照片也需制作照片册集中归档。

②数码照片档案管理。数码照片平时存放在电脑硬盘，设置相应的文件夹。归档时，应将数码照片刻录成光盘保管，光盘最好编制检索目录。

6. 音视频档案的管理

讲座现场拍摄、录制的音视频素材也需作为档案集中管理。作为原始素材的录音录像档案除了以录音带、录像带等传统方式归档管理之外，最好按照一定的标准进行数字化加工后妥善管理，以延长音视频档案使用寿命。较之传统归档方式，数字化后的音视频文件主要以磁、光数字存储介质进行存储，对温湿度、装具及其他环境条件的要求较低，而且所占库房空间相对较少，因此，音视频档案的数字化，特别是大批量音视频档案的数字化能够从降低保管条件和空间需求上节省投资，间接创造效益[①]。

（二）讲座档案库房的建立

档案库房对图书馆而言是普遍的，但对讲座而言却未必有专属区域。讲座资料的保存存在着根据材质、时间、内容等分开归档的问题。讲座资料作为一个整体的存在，上述方式的归档不利于讲座资料的有效保存，也缺乏系统性，令查阅很不便利。有时会因与其他内容的关联性不强，而导致在整理过程中的遗失。因此，图书馆应为讲座档案建立专属库房，保持讲座资料归档的完整性，以便其保存、管理及使用。讲座档案库房的建设要遵循以下

① 李英. 音频档案的数字化的意义及原理. 治黄科技信息. 2015(1).

原则：

1. 安全保密、布局合理、科学适用。

2. 按照功能区分原则，档案库房力求达到布局合理、流程便捷。

3. 档案库房要符合档案防护的基本要求，即防潮、防水、防火、防盗、防阳光照射、防紫外线照射、防高温、防尘、防污染和防有害生物（霉、虫、鼠）。

（三）专家档案库的建立

随着越来越多的专家学者参与到图书馆讲座活动中，讲座组织者也要根据实际情况建立专家档案库。专家档案库的内容包括主讲人的详细介绍、联系方式等。这不仅是为了加强与各主讲人的联系，也是为回访及再次邀请提供条件。专家档案库的建立，有利于讲座的可持续发展。

三、讲座成果开发及传播

讲座成果的整理和开发关系到讲座成果的再次传播和共享，它能够使讲座突破时空的限制，产生广泛、持久、深远的影响，因此被视为树立与推广讲座品牌的重要途径。

（一）讲座成果开发及传播的原则

1. 尊重党和国家的政策和法律

讲座成果开发及传播目的在于拓宽讲座的影响力和共享度，无论其开发和传播的途径如何，均应遵守党和国家的各项政策和法律。例如，图书出版实行重大选题备案制度。涉及国家安全、社会安定等方面的重大选题，涉及重大革命题材和重大历史题材的选题，应当按照新闻出版总署有关选题备案管理的规定办理备案手续。未经备案的重大选题，不得出版。

2. 尊重知识产权

无论图书馆如何利用讲座资源出版，均需要按照著作权法的要求，尊重和保护主讲人的著作权益。首先，讲座之前要与主讲人签署合作协议，取得主讲人的授权，同意将其讲座内容（含肖像）以图书、音像（含光盘、录像带等）、电子出版物（含CD等）和网络传播等形式予以出版发行。其次，对讲座内容编辑整理后，如果对主讲人的观点予以修改的，应征得主讲人同意，才能改动。再次，向主讲人支付相应的稿酬。

3. 把社会效益放在首位，兼顾社会效益与经济效益的统一

公共图书馆讲座作为一种直接而主动的知识传递方式，其最终目的在于充分发挥图书馆的社会教育功能，满足公众的求知欲望和知识需求。因此，图书馆讲座开发与传播要把社会效益最大化放在首位，同时兼顾社会效益与经济效益的统一。兼顾经济效益的最终目的还是为了能够以更多的物力投入来提升讲座的质量和水平。

（二）讲座成果开发及传播的方式

公共图书馆可在遵守著作权法和获得主讲人授权的前提下，将讲座的内容编辑整理、结集出版；也可编制成视频、音频等音像制品予以推广；还可以充分利用网络信息技术拓宽讲座成果开发及传播途径。

1. 编辑出版讲座系列丛书

图书馆举办了多年的公益性讲座，积累了大量的讲座内容素材，在取得主讲人同意的前提下，图书馆可以把多年公益性讲座的内容集结成册，让更多没有机会来到现场的读者以阅读的方式聆听专家、学者的精彩讲座，让听过讲座的忠实读者可以再次回味知识的意境，把过去听到的讲座内容收藏起来。国家图书馆“部级领导干部历史文化讲座”每年都会将当年讲座汇集成册出版。经过几年的积累，按照讲座内容的不同，经过精心挑选，又进行分集出版，有资政卷、文化卷、艺术卷、史鉴卷。图书的出版获得一致好评。

2. 开发音视频资料

第一，制作声像制品。与网络技术部门合作，在征得主讲人的同意下摄制讲座过程，并制作成光盘的形式，向广大读者听众提供知识的延伸服务。比如，武汉市图书馆以制作精良的讲座光盘为载体，把讲座带到了电视媒体，有效地实现了讲座内容的再传播。

第二，开发视听服务。与本馆读者服务中心合作，在读者视听阅览区开辟讲座内容视听服务，使没能在现场听讲座的读者可以点播收听讲座资源。

3. 利用现代传播媒介拓宽讲座传播形式

现场讲座的生命力只有一次，只有充分利用先进媒体传播力量，开展巡回讲座、网络讲座等多种形式的讲座，才能推动讲座多样化发展，不断提高讲座的生命力。如“长江讲坛”坚持传播手段创新，在长江报告厅外配置巨

型 LED 屏,现场直播讲座,让没能拿到入场券的到馆听众观看演讲实况。同时,还与湖北电视台教育频道签署合作协议,在固定时段播放,听众规模迅速扩大到全省。

4. 充分利用发达的网络资源予以推广

由于时空的限制,到现场听讲座的人毕竟是少数,为了让更多的人分享讲座资源,工作人员要善于利用网络链接、多媒体技术、音视频等手段,尽量使内容生动直观并能在时空上进行延伸传播。

(三)视频库技术在图书馆讲座当中的应用

随着科学技术的日益发展,尤其是在美国提出“信息高速公路”概念后,互联网技术在全球范围内迅猛发展。我国的信息技术在这一次新的技术革命中也发生了巨大变化。尤其是 21 世纪的头十年间,我国的网络速度有了明显的提升,这为迅速传输以前无法想象的巨大数据量提供了可能。与此同时移动互联网的巨大突破也让人们获取知识越来越容易。在这样的数字化浪潮之下,图书馆作为一个传统的知识存储机构必须跟上时代的脚步才不至于被淘汰,甚至失去本身应有的主导地位。因此在上述背景下,传统的图书馆讲座视频储存介质(录像带、光盘等)均无法满足人们生活越来越数字化、便捷化的需要,于是完全采用线上储存播放的一种新的讲座衍生产品——讲座视频库也就应运而生。讲座视频库可以说代表了未来一段时间内图书馆讲座传播推广的一个重要前进方向。讲座视频库的主要类型有:

1. 基本讲座视频库

基本讲座视频库是一种较为传统的过渡性的在线讲座视频手段。其实现方式是将图书馆作为讲座主体所存储的多年的讲座数据实体(录像带、光盘等)通过格式转换的手段转变为可在互联网进行流媒体播放和下载的数据格式。利用这种方式所建立的讲座视频库,一般都较为简单。其使用方式与传统的讲座视频介质没有太大区别。基本的信息内容仅包含讲座的题目、时间、地点、主讲人以及视频播放器等基本的功能,有时会有一些基本的搜索和分类功能。这样的实现方式虽稍显简陋,但是利用此种方式可以较为迅速地将图书馆的历史讲座资源转变为新的储存形式,有利于后续的讲座视频库的发展。可以说这一类型的讲座视频库是最基本的一种讲座视频库形式,是后续讲座视频库差异化发展的一个重要的基础,是图书馆将过去所举办的讲座迅速拓展的一个手段,简单、便利,因此也是目前许多国内图书馆网站上采用的最为广泛的一种形式。

2. 网络视频公开课

公开课是一种有组织、有计划、有目的的,面向特定人群,以正式公开课程讲授为主要形式的活动。本文中所指的公开课是指图书馆作为主体专门制作的面向网络听众的讲座。公开课这种形式起源于各高校的教学公开课,学校经常利用这种形式对教师的教学效果进行评估,以达到评估教学状况、一课多用的效果。将这样的一个概念和传统的图书馆讲座相结合再加以网络技术的运用就形成了这里所提到的图书馆网络视频公开课。这种形式与基本讲座视频库相比有联系但也有显著不同。其相同点是均利用网络作为讲座视频的存储介质,均能达到利用互联网进行讲座内容传播的要求。但是其服务对象有明显的区别,基本讲座视频库原本的服务对象是在讲座现场的观众,只不过是因为传统讲座的延伸目的而放置在网络上从而被更多的人所看到并学习。而网络视频公开课其最开始的定位就是面向网络上的听众,这是一个巨大的转变。在这样的实现形式中,网络不再单单地作为一个存储介质而存在,而是变为为了讲座的课堂本身。所有能够观看到当场讲座的观众都成了在这个课堂中的学员。显然与基本讲座视频库相比这种方式对待网络的态度更加积极。同时由于这类讲座视频在拍摄时就已经考虑了未来放到网络进行传播的情况,因此在其页面上可以透过新的技术实现主讲人与观众的线上线下互动,实现讲座字幕的搜索以及讲座相关资料的下载和推荐等多样化的服务内容。这无疑是对原有图书馆讲座概念的一个重新塑造,完成了图书馆讲座服务本身数字化的需求。这种实现形式是我国目前许多图书馆所努力的重要方向。

3. 慕课(MOOC)

大型开放式网络课程,即 MOOC(Massive Open Online Courses),中文译为慕课,是目前最新的一种网络讲座实现形式。MOOC,即大规模开放在线课程,2008 年,由加拿大学者戴夫·科米尔(Dave cormier)与布莱恩·亚历山大(Bryan Alexander)第一次提出①。2012 年,美国的顶尖大学陆续设立网络学习平台,在网上提供免费课程,Coursera、Udacity、edX 三大课程提供商的兴起,

① 刘和海,张舒予,朱丽兰. 论“慕课”本质、内涵与价值. 现代教育技术. 2014(12).

给更多学生提供了系统学习的可能①。除了有网络视频公开课的众多优点之外,MOOC 的重要特征就是其提供了一整套的系统化的学习课程。在 MOOC 平台上,并没有课堂的实体,主讲人和听众均是通过互联网来进行讲授和学习。利用 MOOC 平台,网络上的听众可以做到实时地和主讲人进行线上沟通,并且可以实现为每个人量身定做的差异化的学习方案,主讲人可以针对本讲内容向听众留作业,听众也可以通过完成线上的作业通过最终的考试从而拿到属于 MOOC 平台的教学证书。目前已经有一些机构承认"MOOC"学历。

"MOOC"是一种新生的网络讲座视频形式,目前在图书馆系统中还较少予以采用。但是其迅猛发展的态势值得目前做图书馆讲座工作的同仁予以重视。MOOC 完全打破了以往传统讲座的实现形式,真正地做到了讲座的网络化、数据化,并实现了人机交互、人人线上交互的重要飞跃,其所能达到的网络视频讲座效果是目前图书馆所采用的讲座视频手段所无法企及的。图书馆作为知识传播的重要平台,理应站在技术的最前沿,应该在目前的形势之下对 MOOC 平台与图书馆讲座的结合进行充分的研究和尝试,最大限度地保持图书馆讲座工作的先进性。

4. 讲座视频库举例

上海图书馆作为全国较早开展图书馆讲座的图书馆有着丰富的讲座资源。目前在其网站上讲座视频库的实现形式是较为典型的基本讲座视频库的形式。其视频主页面所提供的信息量较少,仅包含讲座的题目。播放页更为简单,只设立一个视频播放窗口来完成基本的视频播放工作。这种形式是目前许多国内图书馆所采用的形式,较为典型。一方面这种形式完成了一定的讲座上线的工作,但是其内容延展性和对网络环境的贴合性还较为有限。

---

① http://baike.baidu.com/link?url=YCP4LVxFDSjCYauPklIDACBV1DvpL5ocnFjal6HciEoRwOMmsF4BQ-VAEJIuztiCtdDGdKChkX7v8Q7SUWalPeHvPhhwOO_q8ai8Rv2UlGy.

下图分别为上海图书馆上图视频主页面和播放页。

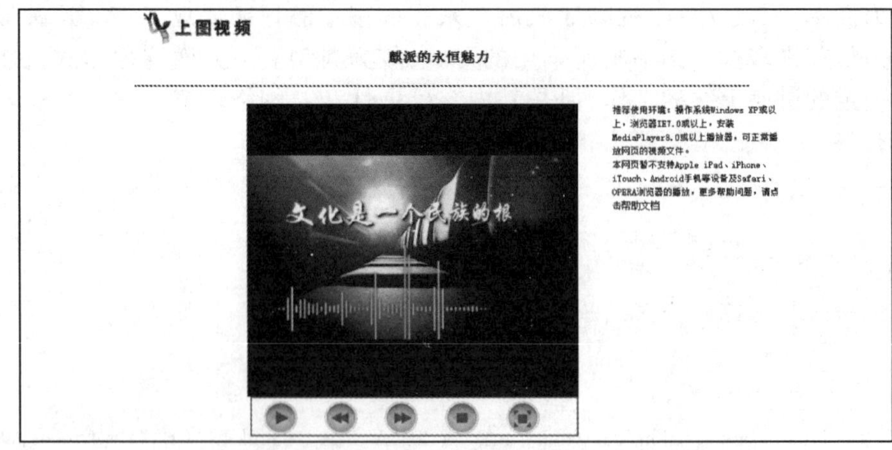

近年来,深圳市图书馆的讲座工作不断快速发展。其讲座视频库挂靠于深圳市民文化大讲堂的主页面。上面可以显示讲座的预告信息,并且留有一定的微博互动和意见提交等接口,有着一定的互动性。其讲座播放页面也能够显示当期讲座的分类情况以及主讲人介绍等讲座的详细信息。并配有评论区,网络观众可以就当期讲座发表意见。这一形式与网络视频公开课较为相似,但是由于其讲座视频内容并不是为网络而进行特别设置,且互动性较为有限,其发展程度应属于基本讲座视频库与网络视频公开课之间的讲座视频库网站。下图为深圳市民文化大讲堂主页面。

四、讲座总结

总结是对某一阶段的工作、学习或思想中的经验或情况进行分析研究，做出带有规律性的结论。讲座总结是指讲座结束后，参与各方对讲座过程中好的经验、存在的问题进行汇总、梳理、讨论的工作。对讲座情况及时进行总结，有利于对讲座情况的全面了解，判断讲座成功与否，存在哪些问题或者需要改进的地方，以期为今后的工作指明方向、积累经验。

（一）讲座总结的特点

1. 客观性。讲座总结是对讲座工作的真实反映，其内容必须与实际情况相吻合，实事求是地反映讲座情况的原貌。

2. 回顾性。讲座总结属于事后行为，是对讲座筹备、实施过程的回顾、反思、分析和评估。

3. 整体性。讲座总结的各项指标不是单一的、孤立的，而应该是系统化的、有内在逻辑的、具有可整合性的统一体。

4. 代表性。讲座总结的代表性是指作为评估样本的讲座，和作为总结指标的参数，在选取时要选择能够反映客观、反映讲座原貌的样本或者参数。

5. 灵活性。不同类型的讲座存在着定位不同、内容不同、形式不同、对象不同、服务方式不同的差异性，因此讲座总结不可固守某一种固定模式，应对不同类型的讲座灵活处理，体现原则性和灵活性的统一。

6. 指导性。讲座总结的目的是在总结、分析、判断的基础上对讲座的组织、筹备、实施等一系列工作进行回顾，从而肯定成绩、发现问题，以便对今后工作予以指导。

（二）讲座总结的模式

1. 书面式。以书面文字的形式对讲座情况予以记录、陈述、梳理、汇总。这种方式便于日后备查。

2. 会议式。以会议的形式，对讲座中存在的问题予以讨论，参会人员各抒己见，通过不断地讨论，对存在问题的解决办法达成共识。以会议的形式进行总结，最好在会后形成会议纪要，以便日后备查。

（三）讲座总结的案例分析

以国家图书馆“部级领导干部历史文化讲座”为例，讲座总结是“部级领导干部历史文化讲座”的一项常规业务，讲座团队以定期或不定期的频次及时对讲座中发现的问题进行梳理。

1. 定期和不定期的协调会。“部级领导干部历史文化讲座”自 2002 年创办伊始，主承办方就确定了每次讲座结束后召开协调会的会议制度，一方面是对当期讲座进行总结，不仅要发现工作中存在的问题，更要对一些有益的做法进行评估，以便总结经验、吸取教训。另一方面是提前部署下一期讲座，预估下一期讲座可能会遇到的问题，提前“打预防针”，未雨绸缪。随着讲座业务日趋成熟、管理更加规范，讲座团队改为不定期召开协调会，虽然频次有所减少，但对讲座业务的要求却越来越高。

2. 半年总结。“部级领导干部历史文化讲座”每半年就要进行一次书面工作总结，内容重在业务自查，严格按照年初制定的年度策划方案和年度任务书，逐条检查是否按照既定的进度完成相关业务工作，找出不足，并对下半年工作提出合理化建议或者努力的方向。自查报告要实事求是，既要肯定成绩，又不能虚报浮夸，凡是用数据来说明的事项，数据必须真实准确。

3. 年终总结。年终总结一方面是对过去一年的工作进行回顾和分析，从中找出经验和教训，引出规律性认识，以指导今后的工作和实践；另一方面是思考下一年度工作重点。“部级领导干部历史文化讲座”年终工作总结一般包括以下内容：一年业务完成情况、各类讲座数据统计分析、一年工作思考、今后工作建议等。相对于半年总结来说，年终工作总结重在对过去一年的讲座业务进行不同维度的数据分析，从而总结一年工作特点，可以说年终总结是对以往工作的客观分析、对来年工作的理性思考。

4. 重大活动总结。重大活动总结重在对活动情况进行详实的记录，记录的方式可以是文字，也可以是照片或者视频。重大活动总结主要包括四方面的内容：①活动如何发起，含策划方案、宣传计划、经费预算等。②活动如何组织，含活动日程安排、参加人员、各部门分工、组织保障、具体措施、经费支出等。③活动评价，含经验教训等。④媒体报道，媒体报道是活动宣传的重要组成部分，因此重大活动之后要注意收集媒体宣传。例如，2012 年 1 月举办的“部级领导干部历史文化讲座”十周年纪念活动，参与人数众多，影响广泛。活动之后，讲座组织团队分门别类梳理活动相关资料，认真整理档案，并召开会议总结活动的成功经验,同时也分析筹备过程中遇到的困难和今后工作中应该注意的问题。

第四节　讲座经费

任何一场讲座都会有经费开支,经费管理是讲座实务和管理中的一个重要环节,其任务是保证图书馆经费的合理安排和使用,讲座经费管理工作的好坏直接关系到讲座各项工作是否顺利开展。

一、讲座经费来源

讲座经费的来源是多渠道的,主要有以下几个方面:

1. 馆方筹集。图书馆经费是创办图书馆、发展图书馆事业和维持图书馆日常活动的资金。讲座作为公共图书馆的业务之一,所需经费主要从馆经费中列支。

2. 财政支持。公共图书馆讲座可以在创办初期或者有一定知名度之后,作为专项活动申请国家或者地方财政支持。一旦立为专项,经费来源就会相对稳定,有利于讲座的可持续发展。

3. 社会赞助。一些社会团体、企事业单位、商家、厂家、媒体等通过赞助的方式向公共图书馆提供讲座经费支持。

4. 无形资产转让。讲座品牌和美誉度是讲座的无形资产,其承载的价值和社会效益能够通过无形资产使用价值的转让来获取一定的收益。因此公共图书馆可以通过转让讲座冠名权、协办权等无形资产来获取讲座经费。2015 年 12 月 9 日,国务院法制办公布的《公共图书馆法(征求意见稿)》第 17 条规定“公共图书馆可以依法以捐赠者姓名、名称命名文献信息资源专藏或者专题活动。”相信该法一旦正式实施之后,冠名权将成为公共图书馆讲座筹集经费的重要来源。

二、讲座经费预算

编制预算是任何活动成功的保证之一,讲座活动同样要预算的准确编制与严格执行。

（一）经费预算原则

1. 严格遵循节俭办讲座的宗旨，根据实际需要科学合理地分配各项开支，并保证资金专项专用，真正用于讲座。

2. 严格控制经费总量，每一年讲座的经费总量都有一定的限度，所有开支必须控制在适度的范围之内，不能无限制地增加预算。

3. 在经费数量限定的条件下，或当经费不足时，要确保重点，例如专家的授课费、场地租赁费、设备租赁费用等等。

4. 对讲座的每一项开支都应该严格审核，力求达到预算经费与实际开支的平衡。

5. 要充分考虑讲座期间可能出现的一些不可预测的费用开支，对于预算未涵盖项目支出留有余地。

（二）经费预算构成

公共图书馆讲座经费涉及面相对较广，基本上由人员劳务费、交通食宿费、讲座场地租赁费、资料印刷费、视听设备费用、讲座衍生产品开发费用等构成，不同的讲座经费预算各有偏重。

1. 人员劳务费。讲座人员劳务费主要用于支付讲座工作人员劳务、主讲人劳务、讲座协作方劳务等。

2. 交通食宿费。交通食宿费是举办讲座的重要支出之一，公共图书馆应根据相关规定，在交通食宿标准范围内，严格控制预算支出，节约成本。

3. 讲座场地租赁费。公共图书馆讲座多数是在公共图书馆内举办，场地属于图书馆馆舍，一般不需要支付费用。但有些图书馆因为场地有限，或者个别讲座对于场地有不同的要求，因此会出现在馆外租赁场地的情况，这种情况下需支付出租方场地租赁费。

4. 资料印刷费。包括讲座所用的宣传资料、参考资料等各类文案资料的印刷制作费用。

5. 视听设备费用。包括讲座所需的音响设备、录音录像设备、灯光照明设备、多媒体设备、同声传译设备等，其预算支出包括：设备购买或租赁费用、后期维护费用、安装调试费用、技术支持费用等。这些费用在制作预算时需与设备提供方充分沟通，明细预算。

6. 衍生产品开发费用。为了扩大讲座影响力和辐射面，提升讲座社会效益，公共图书馆应充分挖掘利用讲座资源，以图书、刊物、音视频光盘、线上讲座等多种形式全面展示讲座成果，因此在预算阶段，要把相应的开发费用考虑其中。

7. 其他费用。通常包括会场布置费用、会务服务费用、还有一些杂费等，这些费用有的是常规支出，有些是临时支出，在预算阶段要分情况处理。对于常规支出，需根据上一年度实际支出并结合年度增长幅度予以列支；对于临时支出，由于很难提前计划，因此在预算阶段要增加不可预见费用作为机动经费处理。

三、讲座经费管理

公共图书馆要坚持厉行节约、规范简朴、务实高效、物尽其用的原则，规范讲座经费管理。要经常检查各项经费是否超出预算范围，并对有可能出现的预算超支或者预算执行不力的情况加以预防，提高讲座经费调控水平。建立严格的财务收支管理办法，明确由财务负责人进行统一管理，建立专门账户，单列核算。讲座经费实报实销，超出预算的部分需由相关负责人逐级审核签字方可执行。

第五节　讲座组织与实施原则

一、分工协作，有序开展

图书馆讲座是一个复杂的系统工程，是一项涉及面广的工作，其面对的事务复杂多变，工作任务也多样具体，根据讲座的不同类型，需要协调好三个方面的关系：第一，图书馆与合作单位之间的关系，在合作中共同推动讲座工作的开展；第二，图书馆内部各部门之间的关系，特别是由多个部门共同参与完成的讲座，更需要做好沟通协调工作；第三，讲座团队之间的关系，通过沟通使员工明白工作目标、所要承担的责任和工作任务，同时，可以准确、及时地把握员工的工作进展、工作难点，并及时提供支持和帮助。只有把组织内部和外部的各方面关系协调好，才能创造良好的环境，保证计划、决策的顺利推行和目标的最终实现。

（一）图书馆内部各部门之间的分工协作

公共图书馆作为讲座的具体承办单位，讲座组织与实施过程中的很多环节或步骤都是由不同部门分工协作完成的，可以说，每一场讲座的成功举办都是集合全馆力量协调合作的结果。馆内各部门往往根据部门职责分别承担讲座组织实施过程中的各项事务性工作，讲座承办部门承担讲座的策划、组织等核心事务性工作，如邀请老师、编制讲座文案、组织听众等；办公室主要负责讲座的对外宣传工作；音像部门负责讲座现场的录音录像及后期音视频资料的编辑工作；保卫部门主要负责讲座组织实施过程中的安全保卫工作；后勤部门负责讲座现场的清洁整理工作。当然由于各公共图书馆内部机构设置的不同，在讲座的具体组织实施环节中，这些职责的划分因情而异。

以国家图书馆“部级领导干部历史文化讲座”为例，其组织实施过程中各部门分工如下：立法决策服务部负责每期讲座的选题策划、主讲人遴选、主讲内容沟通和确定、文案以及相关资料的准备、讲座的组织和服务以及后续整理等工作；保卫处负责现场车辆管理及安全保卫工作；古籍馆负责讲座场地提供及相应安排、设备的使用及维护等工作；后勤服务管理中心负责清洁卫生、植被摆放等工作；社会教育部负责讲座的拍照及录像工作；北京北图文化发展中心负责现场桌椅、杯具、资料等摆放等工作。从实际工作来看，馆内各部门职责分工不仅能够落实到部门职责和年度任务书中，而且以定期会议的方式不断加以强化，多重机制保障之下，各部门各司其职，保证了讲座各环节的顺畅流转与各项工作的顺利实施。

（二）图书馆与其他合作单位之间的分工协作

公共图书馆讲座的举办主体虽然是各图书馆，但是由于图书馆自身的社会资源有限，讲座运转往往受到经费、场地、听众等多种因素的制约。因此，为了强化图书馆讲座的社会教育功能，提升图书馆讲座的社会影响力和辐射面，实现资源共享，公共图书馆讲座应与党政机关、企事业单位、媒体、教育科研机构、社会团体等各类型单位合作，打造各省、市、自治区公共图书馆讲座品牌。

公共图书馆讲座与馆外单位合作，有助于从以下几个方面提升讲座的品牌效应：

1. 经费支持。公共图书馆作为公共文化服务机构，其经费由国家财政拨款,服务内容免费向市民开放。当前多数公共图书馆讲座虽然取得了很好的社会效益和品牌效益,但由于经费有限,其发展空间受到一定的制约。此种情况之下,加强图书馆与馆外单位的合作,尤其是加强与党政机关、企事业单位、社会团体的合作,积极争取多方面的经费支持,能够从软件、硬件双方面提高讲座质量。

2. 师资支持。由于受经费、地理环境等因素的制约,公共图书馆讲座很难邀请知名专家莅临讲坛,若能与媒体、教育科研机构合作,由合作单位出面邀请名家大家,或者在高校内培养讲师团,则能有效解决公共图书馆讲座师资不足的缺陷。

3. 扩大宣传。任何一个公共图书馆讲座都要经历一个从无到有、从小到大的过程,讲座品牌的成长过程中需要组织者主动培养市场,汇聚人气,因此讲座宣传在讲座发展过程中起到强大的推动作用。有意识地与各类社会媒体合作,扩大讲座宣传推广的范围,可以最大限度地利用社会资源,延伸讲座服务范围,提升讲座社会影响力。

4. 促进多元发展。公共图书馆讲座主题广泛,涉及不同的学科领域,但图书馆自身资源有限,若能与博物馆、美术馆、艺术团体等专业性较强的单位合作,不仅可以扩大讲座选题范围,更能开发多种模式的讲座类型,促进讲座的多元发展。

(三)讲座团队之间的分工协作

很多公共图书馆在举办讲座之初,由于人员不足、经费紧张、编制有限等问题,没有组建专门的团队,而是将讲座业务分散由不同部门、不同人员来承担,随着讲座业务的扩大,讲座团队逐渐形成,每个成员虽然有不同的分工,但是讲座的成功举办还是依赖于团队成员的精诚协作,因此,团队成员的分工协作体现在讲座的每一个环节。讲座策划有赖于每个成员根据自己的学科范围、专业领域、兴趣爱好挖掘优质的讲座选题;讲座实施有赖于每个成员各司其职、互相配合、共同担当;讲座衍生产品的编辑制作,有赖于每一个成员轮流审校,降低差错率。团队成员之间应该互相学习、取长补短、团结一致、勇于创新,形成良好的团队合作氛围。

二、分步实施、规范运转

高品质的讲座来自于严谨高效的运行机制和规范化的工作流程,从选题策划、联系主讲人、讲座信息发布，到讲座现场的管理与服务，再到讲座效果的反馈与评估、衍生产品的整理与开发，均按照科学规范的工作流程运转，才能保持讲座一贯的风格与品质。

其一，在认真调研、分析、论证的基础上，于每年末制定下一年度的选题策划方案，经主承办方充分讨论和商议，完善选题策划方案。该方案一般由拟定方案和备选方案构成，当拟定方案出现人选或者时间不能落实的情况时常以备选方案来弥补；同时，没有落实的备选方案也可以作为下一年度的选题意向。

其二，根据既定的选题策划方案，精心遴选、逐一落实各期选题和主讲人，一般情况下，最少提前三个月确定讲座时间、人选与主题，为主讲人预留充足的准备时间。

其三，严格按照讲座流程规范的要求，各部门根据职责分工筹备讲座前期各项准备工作。筹备期间，各部门均应明确当期讲座特点并预判可能出现的情况，为讲座的成功举办做好充分准备。

其四，各岗位各司其职，精诚协作，互相配合，切实做好讲座现场的组织协调及服务保障工作，保证每场讲座成功举办。

其五，认真梳理讲座经验，做好讲座后期文字及音视频资料的编辑整理与档案管理工作，为讲座成果的传播和开发利用奠定良好的基础。

“制之有衡，行之有度”，制度是管理的基石和保障，要实现有效的管理，必须首先建章立制。公共图书馆讲座相对于图书馆的传统业务而言，有其独特性，其工作内容往往都有多部门协作完成，成熟的讲座品牌往往通过制定一系列业务工作制度及流程来规范讲座运转模式。

以国家图书馆“部级领导干部历史文化讲座”为例，2009 年，编制了《部级领导干部历史文化讲座工作手册（第一版）》，作为讲座规范运转的操作指南。2015 年，在第一、第二版的基础上，对体例、内容进行了调整、补充和完善，提升《工作手册》对讲座业务的指导作用。讲座全流程均按照《手册》的要求分步实施、规范运转。该《手册》由三章构成，第一章明确了主办单位和承办单位的职责，并对承办单位各部门的任务分工及工作流程和时间管理做出明确规定。第二章从全流程管理的角度对各个环节的工作提出详实的要求。第三章对工作人员提出了明确又严格的纪律要求和物品管理规定。同时，还以附件的形式列举了授权书、邀请函、征求意见表、专家推荐表、讲座意见统计表、讲座提纲、参考资料、活页文选、速录协议书等讲座业务所涉文案资料模板。《手册》的制定和执行，使讲座管理有据可依、有章可循，不仅能提高讲座工作效率，从制度上避免各部门推诿责任，又能提升讲座标准化管理程度，保证讲座的持续性发展。

三、制度保障，防患未然

讲座工作所涉事务方方面面，为保证各方力量有序运转，制度保障必不可少。建立健全讲座保障制度，可以有效维护和推动讲座的持续发展并提高讲座工作效率。任何一场讲座都有三方面主体，分别是讲座组织者、主讲人、听众。在实际工作中，定期例会制度、主讲人走访制度、突然事件预警制度能够从不同方面分别对讲座三大主体起到一定程度的规范和保障作用。

（一）例会制度

图书馆与其他合作单位之间，图书馆内部各部门之间，定期召开各种规模的协调会，有利于及时解决讲座工作中遇到的困难和矛盾。

1. 前期协调会

一个成熟的讲座品牌固然有其规范化的讲座运转流程，但是每期讲座也会因为讲座内容不同、主讲人要求不同、听众情况的变化导致各期讲座面临不同的事务性调整，所以每次讲座前，应召集馆内各兄弟部门相关负责人或直接责任人就当期讲座的具体细节，召开馆内通气会、协调会，通报当期讲座的具体情况，强调工作纪律和各部门职责分工，预估可能出现的突发事件，做好前期准备工作。

2. 后期总结会

每次讲座结束后，应根据当期讲座的具体情况，在适当范围内召开各种规模的总结会。若讲座运行顺畅，可以在小范围内就当期讲座的具体情况进行小结，并对讲座后续工作进行适当的安排。若当期讲座出现突发事件，可以在馆内范围内召开总结会，查找原因，总结经验，吸取教训，对突发事件的后续处理做出妥善的安排，并跟踪突发事件处理过程，直至问题得到妥善解决。

3. 定期交流会

公共图书馆与馆内合作单位，应定期召开交流会，通报某一阶段的讲座举办情况，明确各单位职责分工，回顾讲座从筹备到组织实施各环节存在的突出问题，同时建议各单位为讲座的持续健康发展积极献言献策，定期交流会有利于增进图书馆与各单位的合作关系，促进讲座工作的多元化发展。

(二)主讲人走访制度

工欲善其事,必先利其器。主讲人是讲座的灵魂,讲座前期与主讲人就讲座题目、讲座内容、框架结构、其他与讲座相关的事务性环节进行有效地沟通与探讨,一方面有助于主讲人在充分了解讲座定位和选题意义的基础上,对讲座内容进行充分的准备,另一方面有助于组织者明确主讲人对讲座场地、设备的要求,提前做好各项准备工作。

讲座结束后,如果能够定期对主讲人进行后期走访,加强联络,则有助于使主讲人充分了解听众的反馈,巩固与主讲人的关系和友谊,从而逐渐培养稳定的讲座师资资源。

(三)突发事件预警制度

公共图书馆讲座是一种大型的群众性活动,具有空间有限、人员密集的特点,同时,图书馆讲座具有人员、机器、环境等各种因素交互运转的复杂系统,因此存在很多影响安全性和稳定性的不和谐因素。为了保证每一场讲座的成功举办,讲座组织者应提前制定突发事件预警制度,并对此保持长期的高度警惕性,才能在突发事件来临时,采取迅速有效的措施,消减讲座障碍,保障活动的顺利举办。

第四章　公共图书馆讲座管理

经过多年的发展，公共图书馆公益讲座取得了很好的成效，但也不同程度地面临一些新的问题，如选题策划能力有待加强、主讲人资源匮乏、经费紧张、未建立专门的业务机制、专业队伍相对薄弱等方面的问题。同时，图书馆讲座工作达到一定水平之后，不同程度地遇到如何保持现有水平以及如何继续提高，实现图书馆讲座工作的可持续发展的难题。本章就讲座的工作层面的管理进行初步探讨，以期对讲座的持续发展起到一定的参考作用。

第一节　讲座管理的内涵及作用

管理是伴随人类文明产生的，是一种无处不在的活动。现代管理之父彼得·德鲁克就他的管理实践活动说："管理"这个词是一个非常难理解的词，它既指的是一种职能，又指的是行使这种职能的人；既指的是一种社会地位，又指的是一门学科和一个研究领域①。管理是一种实践活动，而不是单纯的科学，它注重的是绩效而不是知识本身②。

任何一个组织的运作效率最终都取决于其管理水平。图书馆是人类现代管理活动的重要组成部分，是搜集、加工、存储、研究、利用和传播知识信息的公共文化设施。公共图书馆作为一个公益性较强的社会组织，其管理水平和服务效率被公众寄予厚望。为此，图书馆人在加强馆藏、设施等服务硬件建设的同时，十分注重管理水平的提升，以期通过科学高效的管理来达到图书馆各资源要素效用的最大化。公共图书馆讲座作为图书馆业务的组成部分，其管理实践与图书馆管理密不可分。

一、讲座管理的内涵

研究公共图书馆讲座管理，首先要对以往的相关文献进行分析，进行科学的界定。我们以中国知网的"中国期刊全文数据库""中国博士学位论文全文数据库""中国优秀硕士学位论文全文数据库""中国重要会议论文全文数据库""中国重要报纸全文数据库"为数据来源，以"图书馆讲座管理"为主题词，在"主题"范围内检索，经筛选后，找出相关论文 200 余篇。这些论文主要

①② [美]彼得·德鲁克著；刘勃译. 管理：任务、责任和实践. 北京：华夏出版社，2012.

集中在图书馆讲座的历史、功能与作用，讲座的特征，讲座选题策划，讲座品牌塑造，个案研究与经验介绍，讲座的现状和发展趋势等方面，其中一些论文在介绍讲座工作的时候，涉及讲座的机制、组织、团队建设等，如王世伟在“图书馆讲座工作引论”（《图书馆研究》2005 年第 10 期）一文中提出并论述“图书馆讲座的发展，提出了科学管理与发展机制问题”。而关于图书馆讲座管理的内涵，或者说概念，很少论文或专著加以阐述。从管理的角度研究讲座的论文也为数不多，如李肖华的“公共图书馆设立专业讲座管理部门的设想”（《图书馆论坛》2012 年第 2 期）阐述了成立讲座管理部门的必要性及其基本职能，提出在公共图书馆适时设立专业讲座管理部门的设想；张海燕的“从战略品牌管理视角论图书馆讲座品牌培育”（《图书馆论坛》2011 年第 5 期）认为，必须深入研究讲座的核心要素，并借鉴战略品牌管理理论，加强品牌培育，促进讲座业务的可持续发展；卢淑琴的“借鉴现代企业管理理念推动图书馆讲座事业发展的探讨”（《情报探索》2007 年第 5 期）探讨了如何在图书馆讲座中引入现代企业管理理念，使图书馆讲座事业健康稳定地发展问题。温树凡在“论图书馆公益讲座团队的建构”（《图书馆论坛》2010 年第 5 期）一文中对图书馆公益讲座团队的形式、人员构成以及如何建立良好的讲座团队文化进行了阐述。

在讲座专著中，王惠君主编的《基层图书馆公益讲座》详细介绍了图书馆公益讲座的策划、组织以及团队的管理和建设①；林丽萍主编的《知识 · 分享：图书馆公益讲座的品牌创建与培育》中提出应建立科学的发展机制与科学的管理理念②。这些研究对做好图书馆讲座管理具有一定的借鉴作用。

为研究讲座管理的内涵，我们阅读了有关图书馆管理的著述，寻找图书馆管理与图书馆讲座管理之间的内在联系，发现有关图书馆管理的定义见之于不同的研究者，并且不同时期的研究者，对图书馆管理的定义也不同。

潘寅生主编的《图书馆管理工作》认为：“图书馆管理是遵循图书馆工作的客观规律，通过计划、组织、协调、指挥等手段，合理配置和使用图书馆资源，以达到预期目标，满足听众知识信息需求的一种活动。”③

---

① 王惠君主编. 基层图书馆公益讲座. 北京：国家图书馆出版社，2011.

② 林丽萍主编. 知识 · 分享：图书馆公益讲座的品牌创建与培育. 厦门：厦门大学出版社，2011.

③ 潘寅生主编. 图书馆管理工作. 北京：北京图书馆出版社，2001.

谭祥金著《图书馆管理综论》认为："图书馆管理是图书馆通过专门的机构和人员，合理配置和使用图书馆资源，达到预期目标的过程。"①

刘喜申著《图书馆管理：协调图书馆人行为的艺术》认为："图书馆管理，是指图书馆的管理者，通过实施决策、组织、领导、控制和创新等职能来协调工作人员的行为，以达到图书馆目标的活动过程。"②

吴慰慈、董焱编著的《图书馆学概论》认为："图书馆管理是对图书馆的文献信息、人力、财金、物质资源，通过计划和决策、组织、领导、控制、协调等一系列过程，来有效地达成图书馆的目标的活动。"③

刘兹恒等主编《现代图书馆管理》认为："现代图书馆管理就是全面运用现代管理理论，用以指导现代图书馆全部活动，提升现代图书馆管理水平的整个过程。"④

上述定义虽然表述不同，但都是根据图书馆的客观规律、资源、职能以及目标等要素定义图书馆管理的。

公共图书馆讲座作为图书馆的业务之一，其管理属现代图书馆管理的范畴，因此，现代图书馆管理的定义对讲座管理的概念具有借鉴意义。结合公共图书馆讲座的实际，我们认为，公共图书馆讲座管理是图书馆讲座团队，通过对讲座活动进行策划、组织和实施，开展社会教育，传播先进文化，满足社会公众文化信息需求的活动过程。

二、讲座管理的作用

有人将管理、技术和人才比喻为"两个轮子一根轴"，管理是最关键的"轴"，可见管理的重要。我们知道，管理是一个通过发挥各种管理功能，充分调动人的积极性，提高效能，实现共同目标的过程。公共图书馆讲座是一项长期的业务，也是一项综合的业务，涉及的环节较多，因此，做好讲座的管理对讲座的发展具有重要的作用。

---

① 谭祥金. 图书馆管理综论. 北京：北京图书馆出版社，2001.

② 刘喜申. 图书馆管理：协调图书馆人行为的艺术. 北京：北京图书馆出版社，2002.

③ 吴慰慈，董焱编. 图书馆学概论（修订二版）. 北京：国家图书馆出版社，2008.

④ 刘兹恒，徐建华，张久珍主编. 现代图书馆管理. 北京：电子工业出版社，2010.

（一）彰显公共图书馆的使命和社会责任

使命是一个组织存在的目的和意义或存在的理由，公共图书馆存在的意义缘于其自身的使命，其使命之一是社会教育。1994 年，联合国教科文组织发布的《公共图书馆宣言》中指出，公共图书馆服务的核心应该与信息、扫盲、教育和文化密切相关，并列举了 12 项公共图书馆的主要使命，已成为很多国家公共图书馆确认努力方向、确立存在理由的重要依据。此外，美国公共图书馆协会 1987 年公布的《公共图书馆计划与功能设计：选项与程序指南》以及 2001 年公布的《新编面向结果的计划》、英国公共图书馆事业主管部门文化、媒体和体育部于 2003 年出版的《未来框架：新十年的公共图书馆、学习和信息》等主要公共图书馆文献都"推荐了教育、信息服务、文化传播、促进社会和谐、培养信息素养、培养阅读兴趣、扫盲为当代公共图书馆的主要使命。"①

讲座彰显了公共图书馆开展社会教育、传播先进文化的使命，更好地履行了图书馆的社会责任，展示了图书馆人的社会责任感，产生了较广泛的社会影响。

信息化时代，任何组织都无时无刻与周边的一切发生着联系，因此，要想获得持续的发展，必须勇敢承担起自己的社会责任。现代图书馆服务的特点之一，是要突破文献信息服务的局限，使图书馆成为社会文化的重要空间。为此，图书馆必将承担更多的社会责任，如保存人类优秀典籍、传承民族文化的责任，服务社会的责任，促进全民阅读的责任，为弱势群体提供知识的责任等等。那么，以多种形式举办各类讲座，履行了公共图书馆的社会责任，产生了较广泛的社会影响。

（二）有助于讲座目标的实现

使命和任务最终要落实到实际，管理的目的是为了实现预期的目标，"我们必须知道在我们计划了到达终点的最佳路线之前我们应该往哪里走。"②因此，对于一个组织或个人来说，制定出目标，就有了前行的方向。

科学的管理有助于目标的实现。公共图书馆讲座工作是图书馆服务社

① 于良芝. 公共图书馆存在的理由：来自图书馆使命的注解. 图书与情报，2007(1).

② ［南非］塔什普洛斯著；吴恒等译. 大型活动的组织管理与营销（第二版）. 沈阳：辽宁科学技术出版社，2010.

会的重要平台，因此，各馆在制定讲座目标时也与服务社会紧密相连。如上海图书馆讲座以引领学习、激扬智慧为宗旨，以市民需求为根本，服务社会为目标；山东省图书馆“大众讲坛”以“形成系列、打造品牌，力争做成山东一流讲座活动”的目标；长春市图书馆“城市热读”以“市民终身学习的课堂”为发展目标。这些目标的制定，为讲座的发展指明了方向，同时，围绕讲座目标，逐步推行并长期坚持，以促进讲座目标的实现。

（三）为讲座的持续发展提供制度保障

任何一项管理活动都离不开制度保障，而制度保障体现了上级部门对文化工作的重视，对图书馆公益讲座工作的支持。制度保障包括各级政府和相关部门出台的条例和办法以及提供经费支持。

20 世纪 50 年代，国家图书馆等国内几家图书馆开展了讲座工作，但尚处于早期阶段。改革开放以后，随着社会公众对文化需求的不断增长，图书馆讲座工作逐步开展，一些省市相继出台相关的条例、办法，明确将图书馆讲座纳入图书馆业务，为图书馆讲座的发展提供了有力的制度保障。1996 年《上海市公共图书馆管理办法》中规定：“公共图书馆应当采用图书馆展览、辅导讲座和组织群众性读书活动向听众推荐优秀读物、指导听众阅读。”2003 年《浙江省公共图书馆管理办法》发布实施，其中规定：“公共图书馆应当开展文献展览、知识讲座和群众性的读书活动。”2006 年 3 月，文化部办公厅下发了《关于深入开展图书馆讲座工作的通知》，要求在图书馆普遍开展讲座工作，切实履行图书馆的社会教育职能。

这些办法和通知表明，政府主管部门对公共图书馆服务方式与内容的引导，也为公共图书馆开展讲座提供了制度上的保障，使图书馆讲座得以推广和不断发展。

（四）促进讲座业务的规范化和专业化

讲座的可持续发展需要科学的理念、专业的策划、品牌的长期经营以及规范化的运作模式。因此，应及时总结讲座中具有规律性的做法，在讲座策划、全流程的组织与管理、宣传与推广以及讲座衍生品整理与开发等方面形成科学、规范的工作制度，实现讲座业务的规范化与专业化。以国家图书馆承办的“部级领导干部历史文化讲座”为例，该讲座是科学管理和规范运作的成功案例之一。在管理机制方面，专门成立了部级领导干部历史文化讲座服务组，负责讲座的各项工作；在规范运作方面，编辑了几万字的《“部级领导干部历史文化讲座”工作手册》，阐述了该讲座的概况、定位，明确了讲座主办方、承办方的职责，制定了讲座的工作任务、流程、制度、要求、服务规范等等，并通过精心策划、精心组织、精心选人和精心服务，使该讲座多年来始终保持高水平、高水准。

（五）提高团队的凝聚力

人是做好任何工作的重要因素之一，因此，人力资源是组织最重要的资产。尤其在处于竞争的现代社会，人的因素越来越重要。

公共图书馆讲座是一项对馆员素质要求较高的工作，需要多种不同背景、优势的人员共同努力完成的工作。在讲座团队中，个人的专业背景和学养的不同，擅长的工作可能也不同，只有岗位与个人能力相匹配，人尽其才，为员工创造良好的工作氛围，最大限度地发挥他们的个人潜能。

首先，选派合适的、具有不同专业背景的人员从事这项工作，形成高水平、高质量、优势互补的讲座团队，有利于讲座的策划、组织和实施；其次，通过学习、培训、激励等手段，提高成员的各方面素养，创造充分发挥各自优势的途径和平台，使他们能安其位、展其才，发挥主动性、积极性和创造性，为讲座工作的开展贡献智慧和力量；第三，采取有效措施增强团队成员之间的融合度和亲和力，形成团队精神和团队文化，共同把讲座工作办得有声有色，打造讲座品牌，获得的社会和听众的认可，在满足社会公众对知识的需求的同时，也提高了工作人员的成就感。

第二节　讲座管理要素

“管理过程学派”创始人、古典管理理论主要代表人之一亨利·法约尔认为，管理就是实行计划、组织、指挥、协调和控制，这五要素在运行中相互联系又彼此衔接，从而共同保证了管理运行过程的顺畅，这五个要素又被称为“五职能说”。

一场成功的讲座包含诸多因素，如与听众需求契合的选题、讲座内容的遴选、主讲人的精彩演讲以及主办方精心的组织落实等等，是一项涉及诸多方面、诸多环节的工作。从管理的角度看，讲座管理要素的范围还更广泛一些，主要包括：计划、组织、人员、服务、控制、创新等，这些要素相互关联、相互作用，共同促进讲座的发展。

一、计划

管理总是要跨时筹谋，既要考虑当下又要考虑未来，既要考虑短期，也要考虑长远。《礼记·中庸》："凡事预则立，不预则废。"著名的军事理论家孙武在其《孙子兵法》中也提出："多算胜，少算不胜。"都说明，事先做好计划和准备，才可能获得成功。

计划是管理的首要职能，是管理的第一步。计划是指对未来一定时期内所应完成的任务和应达到的工作目标进行一定的设计和谋划。没有计划，其他环节如组织、协调、控制等则无法实施。计划主要包括为什么做、做什么、谁去做、在什么时间做、在什么地方做、怎样去做等。

"为什么做"是指某项计划的具体任务和要求。

"做什么"是指确定目标，明确具体的任务和要求。

"谁去做"是指规定具体的负责部门或人员。

"在什么时间做"是指规定计划执行的时间长度，比如一年或者五年等。

"在什么地方做"是指规定计划的实施地点，在什么场所完成。

"怎样去做"是指完成计划的措施，如人员匹配、资金保障等。

举办讲座是公共图书馆开展公共文化服务的一项重要内容，这就要求讲座不能是临时的、随机的，而是作为一项长期的业务工作进行。因此，应对讲座工作的未来进行更广泛的预测，确定讲座的目标、发展策略以及相应的计划。

图书馆讲座计划是指讲座在一定时期内的合理规划，包括长期计划、中期计划、短期计划、单项计划等。

长期计划是指为促进讲座工作的开展制定的至少 3 年以上的计划，是一种目标性的计划，旨在确定讲座的总目标、定位以及实现该目标的基本策略和措施，具有全局性、长远性等特点，是对讲座工作的一种长期指导。

中期计划是指 1 年以上 3 年以下的计划，是对长期计划的分步实施，也是保证长期计划落实的必要条件。包括年度选题计划、工作计划、培训计划、宣传计划、出版计划等。

短期计划是指 1 年以内的计划，主要是 1 年内或 1 季度、1 个月内要完成的工作任务。包括半年选题计划、工作计划等。

单项计划是具体的某一项计划，如图书馆不定期推出的专题和系列讲座计划，内容包括讲座的主题、拟聘请的主讲人、讲座时间、地点等等。

讲座组织者经常做的计划有选题计划、宣传计划、出版计划、工作计划等。

选题计划。选题是讲座成功举办的基础，因此各馆十分重视选题的策划。一般情况下，讲座的组织者应以年度、季度、月度为周期策划选题，安排讲座时间、拟聘请的主讲人以及讲座内容等，制定出年度、半年度、季度、月度选题计划，再根据具体的情况适时调整。年度选题计划适宜于年度举办讲座场次较少、要求较高的讲座。大部分公共图书馆举办的讲座频率较高，每月举办 4 讲或 8 讲，如果按年度策划选题，工作量很大，所以，有的图书馆每半年策划一次，也有每季度策划一次，再形成具体的选题计划。

宣传计划是指图书馆为扩大讲座的影响，在一定时期内做的计划。为扩大讲座的影响，各馆在做好讲座的策划、组织工作的同时，利用媒体、网络、海报、手机服务平台等多种方式进行宣传推广，使更多的读者参与到讲座中来，聆听专家、学者的精彩演讲，并从中受益，进而提高讲座的影响力和知名度。那么，在进行宣传推广工作的时候，需要制定详细的宣传计划。年度宣传计划是有预见性的计划，如适逢讲座举办 5 周年、10 周年、20 周年或者是举办 100 期、200 期等而做的宣传计划，确定宣传主题、内容、时间、形式、拟邀请的媒体、参加人员、达到的效果等，以期扩大讲座的影响。专项宣传计划是指单期讲座的宣传，如有特色的讲座，也需要制定相应的宣传计划。

出版计划是指讲座的讲稿编辑整理，并经过主讲人审阅后，定期出版成册的计划。“部级领导干部历史文化讲座”每年均出版图书，制作内部交流的讲座光盘，为此制定的计划包括出版内容、出版时间、负责部门、设计风格等。

计划具有实际性、具体性、一贯性、灵活性等特点。

计划的制定并不是凭空想象，而应在充分的调研和讨论的基础上，结合讲座工作的实际，使制定的计划具有前瞻性和可操作性。计划还应上下一体，前后一致。此外，计划也不是一成不变的，需要具有灵活性，要留有余地，这样，才能使计划不是一纸空文，也才能保证计划的落实。

计划制定后，重要的还是实施，只有重视计划工作的实施，才能让管理更好地持续下去。

二、组织

只要有人类的存在，就会有组织的存在。借助于人类考古学的史料，我们大致可以推测，人类早期之所以找到社会组织这种生存方式，是因为原始的狩猎经验给他们以深刻的启发。在原始社会初期，一个人或者一个家庭去捕猎，最多可能打一些小猎物，无法获得更多的猎物。但是，多家甚至一个部落、一个族群共同围猎，可以捕获更大、更多的猎物，正是围猎这种早期生产方式的出现，使人们从日常经验中体会到，有组织的生产方式可以获得更大的生产效率，可以规避更大的自然风险。所以，组织是人们为了一个共同的目标而集合起来创造的。美国市场营销学界的主要先驱之一爱德华·D·琼斯把组织称为“文明的基石”。古典管理论的主要代表人之一亨利·法约尔第一个提出“组织是管理任务的基本部分”。现代管理理论之父切斯特·巴纳德认为，组织是不断变化着的社会体系，会很自然地抵触过分的秩序和组织结构，需要领导者不断地使他把注意力集中在自己的目标上，向着目标前进①。关于组织理论和行为，许多管理学家都进行过深入的研究，学者间的争论也较多。

现代汉语中，组织既可以作为一个名词，也可以作为一个动词来看待。作为名词，组织是指由两个或两个以上的人为了完成共同的目标而形成的集合体，其核心问题是组织形式的设置。以国家图书馆为例，国家图书馆举办的讲座隶属三个不同的部处，而讲座科组是整个大的组织架构下最小的组织。如下图：

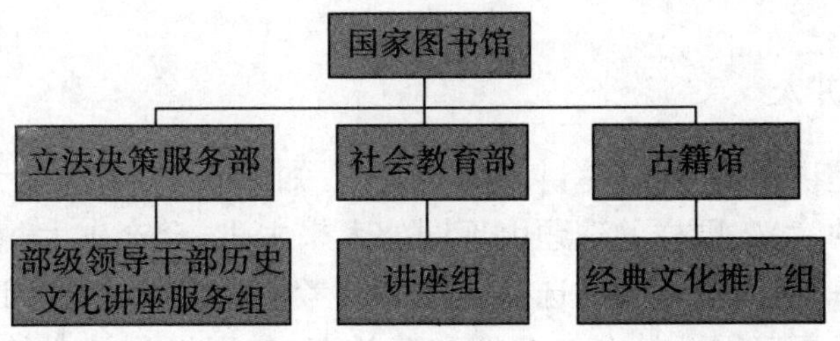

每个科组的馆员专职负责讲座的策划、组织和实施工作。

① ［美］摩根·威策尔著；孔京京，张炳南译．管理的历史．北京：中信出版社，2002.

作为动词,组织是指安排分散的人或事,如组织活动、组织人力。组织讲座是指对讲座进行精心的组织和实施,使讲座取得良好的效果,涉及讲座工作的方方面面。比较成熟和完整的讲座组织流程包括:策划阶段、筹备阶段、实施阶段、后续阶段。

策划阶段:该阶段的主要任务是根据讲座的宗旨和定位,做好谋划。主要包括:选题策划、形式策划、品牌策划、宣传策划等。

组织阶段:该阶段的主要任务是根据讲座的总体策划方案,分步实施、落实。具体而言,主要包括:遴选、聘请主讲人,确定主讲内容,发布讲座信息,讲座资料准备,讲座现场布置,设备调试,卫生清洁,部门协调等。

实施阶段:该阶段是实现讲座的核心环节,其任务是切实做好讲座现场的协调、管理、服务、保障、应急等事项,及时处理突发性事件,确保讲座的顺利进行。

后续阶段:是讲座结束后的一些后续工作,主要工作有讲座效果的总结评估,讲座意见表的回收整理,讲座录音的整理,讲稿的编辑,光盘字幕整理,讲稿、光盘的结集出版等。

当然,在实际操作过程中,有些工作总是交错进行,需要根据实际情况不断调整。

三、人员

人是组织中重要的资源,任何组织的发展都离不开对人的管理。这里的人员主要指讲座的主讲人、听众以及讲座的组织实施人员,是讲座成败的重要因素。

(一)主讲人

主讲人是讲座的主角,主讲人的知名度、知识水平、表达能力对讲座的质量具有决定的意义,同样的选题由不同的人来主讲,会产生大相径庭的效果。因此,图书馆讲座对主讲人的选择有很多的考虑和要求。如主讲专家是否具有较高的学术素养以及社会知名度和美誉度;是否得到社会的广泛认可,具有一定的影响力;是否具有良好的语言表达能力,使听众在轻松的氛围中领悟其思想的精华,这些都需要从多种渠道进行了解,以确保讲座的效果。如果主讲人口音过重,或观点过于偏激,则不在遴选范围之内,以免影响讲座效果或造成误导。

（二）听众

讲座的生命力来自于听众，广大听众的需求是办好讲座的根本保证。尽管讲座听众的多少不是衡量讲座成败的唯一指标，但听众状态持续低迷，至少说明讲座的定位、选题和内容没有契合听众的需求，这样的讲座不是成功的。因此，一方面要以听众的需求为切入点，选取听众感兴趣、想了解、并贴近听众实际的选题和内容，体现以人为本的服务理念；另一方面，广泛持久地联系听众，随时了解听众的建议和意见，及时把握不同层面听众的反映和后续效应，通过多种方式加强对听众的培育，形成稳定的讲座听众群。

（三）讲座组织实施人员

讲座的每一个环节都需要从事讲座的工作人员逐一落实并认真完成，因此，具有高素养的讲座团队对确保讲座持续发展具有十分重要的作用。从管理的角度，一方面合理配置讲座工作人员，选择具有一定学养的专业馆员从事讲座工作；另一方面充分调动馆员的积极性，最大限度地发挥每一位馆员的个人潜能，以实现讲座的目标。同时，定期进行专业系统的培训学习，积累广博深厚的人文功底和学术素养，提高服务理念和品牌意识，使之以更广阔的文化视野参与讲座的各项工作，真正担负起传播先进文化的重要使命。

四、服务

服务是图书馆的立馆之本，图书馆事业发展的最终目标在于为读者服务，为社会服务。图书馆讲座是图书馆服务的延伸，是吸引读者、深化服务的重要途径，是图书馆实现公益性、公平性和人性化服务的重要体现。讲座服务主要体现在服务资源、服务形式以及服务规范等各个方面，贯穿于讲座的全过程。

1. 服务资源。优良的服务资源是提升服务水平的重要保障，图书馆讲座服务资源包含有人力资源、文化资源、硬件设施等基础资源。

2. 服务形式。根据讲座受众范围的不同，可以分为阵地服务和延伸服务。阵地服务是图书馆的基本服务，是指依托图书馆现有的文献资源、场地资源、人力资源、技术资源、读者资源等条件，在图书馆有限的空间范围内，开展讲座服务。讲座延伸服务是指通过流动讲座、巡回讲座、网络讲座、讲座公开课等形式，将公共图书馆讲座形式由内向外进行有效地延伸，为听众提供多样化的讲座方式。

3. 服务规范。讲座作为图书馆的一项服务工作，既面向广大听众，又面向主讲老师，其服务更需要严谨和规范。讲座服务规范，有助于讲座全流程的规范化运作，有效地提高工作效率，保证讲座工作的健康持续发展。

五、控制

控制是一项重要的管理职能。控制的目的在于检查和证实各项工作是否与原计划相吻合，并随时做出反应，起到发现问题、找出错误、及时纠正的目的。

法约尔曾经指出，控制必须施之于一切的事、人和工作。这是因为，即使制定了完善的计划、建立了有效的组织和领导，也不能保证一定能按照目标实现。控制工作对执行和完成计划起到了保障作用。通过控制，可以及时了解计划的执行进度和执行中出现的问题，及时修正，使各项工作环环相扣，有序运转。

图书馆讲座涉及的工作较多，讲座前后准备和整理跨度时间长，期间有许多不确定的因素。因此，在讲座的筹备、组织和实施以及文字资料整理等阶段，进行有效控制十分必要。

讲座控制包括流程控制、质量控制、经费控制：

1. 流程控制。应及时了解讲座在筹备、组织、实施过程中所涉及的各个方面的情况，以便对在组织和实施过程中出现的困难、变化做出快速反应和调整。如选题策划方案的落实情况，主讲老师的邀请和落实，讲座内容的确定，讲座现场的准备，各种意见的梳理分析等等。

2. 质量控制。一个好的产品必须有好的质量，一个好的讲座必须进行质量控制，这样，才能打造出高质量、高水平的讲座。质量控制包括讲座流程质量、服务质量、讲座衍生品质量等。

3. 经费控制。图书馆是公益性事业单位，很多图书馆的经费都十分紧张，讲座又是公益性的，因此，在讲座工作中，经费的控制也十分必要。讲座经费的使用在遵循国家财政政策的同时，也要遵守各馆的相关财务规定。

六、创新

“苟日新，又日新，日日新。”创新是一个国家或组织持续发展的不竭动力，创新也是图书馆讲座工作持续发展的保证。

“创新”并不是陌生的词汇，它经常出现在各类管理学著作和教材之中。美国学者米和希克斯在总结前人对管理职能分析的基础上，提出了创新职能，突出了创新可以使组织的管理不断适应时代发展的论点。在我国，有学者将创新作为一项职能，如南京大学商学院企业管理系周三多教授在其《管理学——原理与方法》一书中，将创新作为一项管理职能单列出来。也有学者赞同西方管理学论著中对管理职能的看法，不将创新作为一项管理职能看待。如由中国人民大学出版社出版，王凤彬、李东主编的《管理学》。

创新是管理的一种基本职能，对于任何组织来说都是一种重要的活动。图书馆讲座工作的普遍兴起即是图书馆服务的创新，拓展和延伸了图书馆社会教育职能。目前，图书馆讲座已发展到一定的规模，面临进一步创新和突破的难题，这就要求图书馆讲座工作人员，在讲座选题和讲座内容上，讲座形式的拓展上，服务以及宣传等方面不断进行探索和创新，增强讲座的活力和影响力，推动讲座的可持续发展。

（一）内容创新

讲座的选题和内容是讲座成败的重要因素之一。因此，应根据图书馆的实际情况和本地区的文化资源，进行选题内容创新，根据社会热点以及听众的需求，开发出新鲜的话题，从身边事到家国事，以多姿多彩的讲座，满足社会公众日益增长的多样化文化需求。

（二）形式创新

随着讲座工作的开展，容易形成较固定的、常规的模式，日复一日，影响讲座工作的进一步发展。特别是听众已不满足于简单地听讲，他们有学习的需求、横向交流的需求、怡情寓乐的需求。因此，需要讲座的组织者不断树立发展和创新意识，打破常规的“一言堂”单一模式，使讲座的形式更加新颖和丰富多彩。

（三）服务创新

图书馆举办的各类讲座，是深化听众服务的重要途径。在讲座服务方面，除坚持“以人为本”的服务理念，在选题上切实以听众的需求为先，在服务方式和手段上也应不断完善和创新，在服务细节上体现人文关怀。

第三节 讲座管理路径

一、科学管理和人本管理相结合的管理理念

公共图书馆讲座是图书馆拓展服务的重要形式,其管理思想应在图书馆管理范畴。结合讲座的实际,我们认为,讲座管理应采用科学管理和人本管理相结合的方式。即遵循讲座的业务实际,形成科学的管理机制和规范化的运作模式,使讲座工作始终保持一贯的高品质。同时,体现以人为本的管理理念,从人的个体出发,开展讲座工作。二者相互补充,相互融入,才能实现管理工作的高效,使管理充满活力。

(一)以规范化、制度化体现科学管理

规范化管理是实现讲座科学管理的必然要求,客观地存在于讲座工作的全过程,只有各项工作规范有序,才能形成高效、协调、主次有别的工作流程和标准,使讲座工作始终保持一贯的品质,使各项工作更好地衔接,运行模式更加科学合理有序。

1. 建立讲座工作规范。讲座工作规范包括讲座流程规范、服务规范等。讲座流程规范应重点突出讲座工作内容、流程与规范操作。从小处说,工作流程和各项规范,可以使团队成员(特别是新加入团队的人员)学习之后,能够快速地了解讲座工作程序和内容,迅速进入工作状态,提高工作效率。从大处说,能够始终保持讲座一贯的品质,避免随意性和盲目性,有利于讲座的长期发展。

2. 完善制度建设。所谓制度化管理,是在图书馆讲座工作中以制度规范工作人员行为的管理方式,应及时总结讲座中具有规律性的做法,建立健全切实可行的,又合乎人性化的图书馆讲座管理规章制度,如《讲座管理制度》《讲座工作职责》等,形成一种制约。制度一旦制定就要在一定时期发挥作用。同时,保持制度的连续性、实现制度的可操作性以及一定时间的超前度,使制度能够推动工作而不是束缚工作。

(二)以人性化体现人本管理

图书馆管理真正从“以书为本”到“以人为本”是在新世纪之初,图书馆管

理思想重新回归到公益、公正、公共的本质。“新世纪图书馆理念的讨论是从人文开始的，随着人文理念讨论的深入，讨论上升到图书馆人文精神，进而到图书馆精神，公共图书馆精神，这中间涉及图书馆服务，即平等服务和免费服务。”①2011年文化部正式颁布的《公共图书馆服务规范》“总则”第3条中明确了以人为本的服务理念：“公共图书馆服务应体现以人为本的原则。”

以人为本的思想就是更加注重个体的人，珍视个体的价值。图书馆公益讲座的主体是人，是主讲人、听众以及图书馆工作人员之间的互动，理应坚持以人为本的服务理念。

1. 听众。从根本上说，听众是讲座的对象，也是讲座的主体，讲座成功与否，很大程度上取决于现场听众的认可程度，没有听众的认同，讲座也就失去了意义和价值。所以，在讲座服务中，坚持以听众为本，将听众的感受放在首位，通过各种交流平台，如听众俱乐部、讲座网络论坛等，促进与听众的思想和情感交流，增强听众对讲座的认同感。此外，在选题策划、主讲内容确定、环境布置、提供便利服务等方面，最大限度地满足不同听众的多层次需求，尽力为听众提供各类优质高效的服务，这也是图书馆公益讲座生存和发展的动力。

2. 主讲人。尊重主讲人的学术观点，讲座之前与主讲人进行充分的沟通和交流，使主讲人对讲座定位及特点有充分的了解，找到主讲内容与听众需求的契合点；尊重主讲人的个性习惯，为其提供良好的讲座环境及服务。如外地老师的接待，应多方了解主讲人的兴趣爱好以及民族风俗习惯，避免出现尴尬和失误，最大限度地调动主讲人的积极性；尊重知识产权，与主讲人签订讲座授权书并严格遵守，使主讲人的合法权益得到尊重和保护。

3. 工作人员。任何工作都离不开个人这一重要的因素。因此，在讲座中真正实现“人本管理”思想，始终坚持以人为本的出发点，依靠人、尊重人，重视激发和调动人的主动性、积极性和创造性，致力于人与事业的共同发展。第一，重视工作人员的需求。应注意了解并掌握每个员工的合理需要，从人的需要出发，就抓住了管理的关键和核心，也就找到了调动员工积极性的正确途径。第二，调动员工的积极性。员工的主动性、积极性和创造性并不是

① 李东来，郑章飞，韩继章. 图书馆管理思想三人谈（二）. 高校图书馆工作，2012（5）.

自然而然地充分发挥出来的，应关心员工的成长，尊重员工的价值，挖掘员工的才能，使他们能安其位、展其才，发挥主动性、积极性和创造性，为讲座工作的开展贡献智慧和力量。第三，充分考虑到员工的实际要求和业务发展的需要，为讲座工作人员创造职业生涯发展的路径和平台，鼓励工作人员不断深造，有计划地安排员工进行专业培训，有条件的图书馆还可为讲座工作人员提供学习的机会，如外出参观、交流学习，了解掌握最新学术成果，以确保整个工作团队的服务激情与创造力，使之在工作实践中不断提高自身的人文素养和个人修养。

管理是个综合的概念，在管理工作中，要保持一种弹性，这是管理的智慧，也是管理的艺术。既要坚持制度和规范，同时也要有一定的灵活性，还要注意感情调剂。只有将科学管理与人本管理有机结合，协调统一，才能实现管理工作的高效，使管理充满活力。

二、完善讲座业务机制

很多图书馆由于人员紧张，且讲座工作人员受多业务、非专业的局限，常常顾此失彼，往往在讲座活动完成之后，后续的大量工作，如讲座录音的文字整理、视频制作等无暇顾及，影响了讲座的再次传播，不利于讲座品牌的打造和维护。因此，有条件的图书馆应设立专门的讲座业务机制，选择适合的工作人员专职从事讲座的策划、组织和实施工作。

（一）设立专门的讲座业务机制的必要性

1. 为讲座工作持续开展提供机制保障。图书馆讲座工作是一项综合性的工作，并且涉及众多的层面，设立专门的讲座业务机制，专职从事讲座的组织和实施，并对讲座工作进行长远的统筹规划，有利于讲座品牌的打造、维护和培育。

2. 由专门的人员从事讲座工作，使讲座工作人员的工作具有专一性、连续性，有利于深入研究讲座工作的规律，把握讲座工作的实质，推动讲座工作可持续发展。

3. 有利于加强讲座的管理，促进讲座工作规范化、专业化。

4. 有利于发挥团队的力量和创新精神，形成合力，提高员工的荣誉感。

当然，由于各地图书馆在讲座业务的发展上各不相同，机构和人员设置各有特点，讲座运行机制也不尽相同，可能一人身兼多项工作，既是讲座的策划者，又是讲座的主持人，同时还参与讲座的编辑整理等，可以结合各自的实际，不能强求一律。

（二）合理配置人员

讲座管理包含着对讲座流程的科学管理，也包含着对工作人员的有效管理，关系到用人机制、队伍结构的优化和人才资源的合理配置。

根据图书馆讲座业务实际，合理设置岗位、并选择合适的、具有不同专业背景的人员专职负责讲座的策划、组织和实施等方面工作，使岗位与个人能力相匹配，最大限度地发挥每个人的潜能。如国家图书馆社会教育部讲座组，现有工作人员 10 名，负责学术讲座的策划、组织、宣传、后期产品开发以及阅读推广等工作。上海图书馆于 1997 年成立了会展业务中心，包括展览部、会议部和讲座中心，目前，拥有由 8 人组成的工作团队，按讲座系列设置岗位，实行系列负责制。从国家图书馆和上海图书馆所举办的讲座取得的成效看，设立专门的业务机制，从事讲座的策划、组织和实施，有利于讲座的持续发展和讲座品牌的打造，为讲座取得成功提供了机制上的保障。

三、建设高素养的讲座团队

图书馆讲座是一项对馆员素质要求较高的工作，需要多个具有不同优势的人员共同努力完成的工作。

一场成功的讲座包含诸多因素，如与听众需求契合的选题、讲座内容的遴选、主讲人的精彩演讲以及主办方精心的组织、落实等等，是一项涉及诸多方面、诸多环节的工作，而每一个环节都需要从事讲座的工作人员逐一落实并认真完成，因此，建设一支高素质的讲座工作团队，充分发挥每个人的主观能动性及积极性，根据每个人的专业优势、性格特点、业务能力等多种因素，有意识地培养讲座策划人员、讲座主持人、讲座宣传人员、讲座后期制作人员等各类型专业人才，充分发挥团队合作优势，对于讲座的长远发展至关重要。

（一）建立统一的团队理想和价值观

建设公益讲座团队文化，要注重培育统一的团队理想和价值观，同时促使团队成员主动、自觉地接受讲座工作服务理念，达成共识，认同讲座的发展目标，从而形成共同的价值观。

（二）培育团队的协作精神

图书馆讲座从策划、组织到实施，需要讲座团队各方面成员共同承担，因此，具有良好的协作精神是讲座团队开展工作的重要保障。在讲座团队建设中，根据团队的工作目标和任务，使每一个成员明确各自工作职责，同时增强合作能力，使整个团队更积极、更顺畅地开展工作。这不仅表现在重大的讲座活动中，还融进在日常的各项工作中，以“部级领导干部历史文化讲座”为例，在每场讲座之前都互相提醒，生怕疏漏了某个环节；讲座之中相互协助，及时补位，确保每场讲座顺利进行；讲座之后有序配合，校对书稿和光盘，在分工明确、相互配合中精心完成好每场讲座。

（三）不断学习、提升素养

学习是永恒的话题。在讲座的实际工作中，由于聘请的主讲人都是某一领域的专家学者，而讲座的主题范围涉及诸多领域。为确保讲座质量，讲座工作人员要对该讲座的主题和涉及的学科知识进行相当程度的了解，并注意在日常工作中留心学习，养成良好的读书习惯，尽可能地广泛涉猎文、史、经、哲等社会科学，也要多阅读一些通俗易懂的自然科学读物，增加知识储备，优化知识结构，开阔视野，力求做到“博”而“专”，以适应不断发展变化的社会需求。

团队建设不是一朝一夕能够完成的，但是一旦形成了优秀的团队文化和团队精神，就能够持久地延续和发展，就会共同把讲座工作办得有声有色，获得听众和社会的认可。

四、建立讲座评估机制

讲座评估是指讲座完成以后，通过对讲座活动过程的分析、评价及效果反馈，以检验讲座是否取得了预期效果的行为。目前，讲座服务评估在图书馆整体服务评估中经常被一带而过，而专门开展讲座服务评估的理论研究和实践活动也较少，仅张惠梅在《试析公共图书馆讲座服务工作评估》一文中阐述了公共图书馆开展讲座服务工作评估的必要性和评估的原则、方法及其讲座服务评估指标体系的设置，为开展讲座评估提供了借鉴。可喜的是，随着图书馆讲座工作的开展，讲座评估工作已得到各图书馆的重视。

（一）开展讲座评估的必要性

1. 评估符合图书馆讲座持续发展的需要。图书馆讲座工作开展的成效如何，人们想到的大多是从举办讲座场次的数量、听众参与的数量等方面，而开展图书馆讲座服务工作评估，除上述的数量之外，更多关注的是与讲座有关的一系列的系统检测与考核，通过对讲座活动过程的分析、评价，肯定讲座的服务成效，找出存在的问题，明确今后改进的方向，为今后讲座工作的开展提供可靠的依据，也是图书馆讲座可持续发展的长远保障。

2. 评估是讲座业务建设的内在要求。开展讲座服务评估，通过衡量讲座活动过程中的组织管理、服务水平和能力、讲座资源的开发利用、讲座资源的共建共享等各项工作的优劣，从侧面反映了图书馆的听众服务工作水平，因此，促进图书馆更好地开展讲座业务建设，不断提升服务水平。

（二）讲座评估方式

讲座评估方式包括自我评估和外部评估。

1. 自我评估。自我评估是强化图书馆讲座管理的有效措施，可以有效地掌握讲座自身的运行情况，对讲座的内容、主讲人、组织和实施、效果等进行的评价，通过自我评估的方式，找出不足，调整服务策略，不断提升服务水平。如定期召开总结会议，对讲座进行及时点评，找出讲座好在哪里，特点是什么，效果不好的原因，出现失误的原因等，是否选题过于偏僻，讲座内容太过学术，现场组织不够细致，有些环节未考虑到等等，都能够及时进行总结和分析，并制定具体的措施，为以后的讲座工作提供借鉴和参考。

2. 外部评估。外部评估包括上级主管部门、业界专家、听众等对讲座的意见和建议以及对讲座的满意度，这是讲座评估的主体部分。获得外部评估的方式主要有：发放调查问卷、填写意见统计表、书面或口头意见反馈等多种形式，采用易被听众接纳的方式，多渠道收集各种信息，多角度对讲座效果予以评估。

①召开座谈会。座谈会的特点是更具有针对性、互动性和开放性。座谈会的方式可以更多地获得专家的意见和建议，甚至可以建立一种长期、稳定的互动关系。

②问卷调查。问卷调查是一种简单、直接、有效、可行的调研形式，可采用现场发放、回收的方式进行，通过问卷调查既可以了解听众对讲座内容、形

式、组织方式等方面的需求,也可以了解听众的年龄结构、知识结构、听讲座的目的等基本情况,以及对本场讲座的满意程度,验证听众对讲座活动的潜在需求。

③征求意见表。通过听众征求意见表,可以了解听众对讲座的满意程度以及意见和建议,获得的收获以及是否愿意再次聆听讲座等等,进一步说明讲座的效果。征求意见表还可对下期讲座进行预告,获取听众对下期讲座的预期建议。

④网络平台。随着数字化时代的到来,互联网使人们的联系、沟通方式以及信息传递方式发生了革命性的变革,新技术的应用也为图书馆讲座带来了巨大的发展空间。QQ 群、微博、微信都不失为一种简便、易行、快捷的与听众沟通的方式,也是获得讲座评价的方式之一。

(三)建立科学的评估体系

讲座评估体系涉及讲座评估的内容和各项指标,如政策、经费、管理、硬件设施、人员配置、服务环境、服务手段、服务质量、听众的满意度等,通过一系列的指标来衡量讲座的成效,促进全国各图书馆讲座工作的开展。讲座评估体系的建立需要在更广泛的范围内讨论、设计,以便建立起符合图书馆讲座实际的评估体系。讲座评估可以围绕以下内容进行:

1. 讲座选题策划,即讲座选题是否符合讲座定位及立意,是否满足听众需求等。

2. 讲座效果,即主讲人水平如何,听众是否满意、从中有何收获等。

3. 讲座组织及管理,即整体组织工作是否高效,讲座形式是否需要改进,讲座场地及设施是否完善等。

4. 讲座服务及保障,即工作人员数量及分工是否合理,服务是否到位,与听众沟通是否顺畅,现场处理问题及应急能力如何等。

5. 讲座宣传与推广,讲座宣传方式与途径的效果如何,讲座成果推广方式是否获得听众认可等。

6. 讲座经费管理,讲座经费运行情况如何,是否对讲座经费支出进行了有效控制,讲座经费预算执行情况如何等。

(四)讲座评估流程

1. 基础信息收集。通过与讲座参与各方的交流,收集相关人员对讲座组织和实施情况的各种反馈意见和建议，为评估报告的形成收集基础信息。例如，国家图书馆“部级领导干部历史文化讲座”工作人员利用“选题策划调研表”和“意见反馈表”等收集信息。

2. 形成评估报告。对收集的基础信息进行分类、汇总、整理、分析，形成评估报告。如果是年度评估，可以由不同的工作人员分部分撰写不同主题的评估报告，如选题评估、讲座效果评估、服务质量评估、经费使用评估等；如果是阶段评估，可以在一个报告里分类梳理问题即可。

3. 使用评估报告。撰写评估报告的最终目的在于发现问题、解决问题，因此讲座评估报告应当通过适当的途径以适当的形式向讲座参与各方发布，同时也可以通过媒体向公众发布，或者作为宣传材料予以利用。

（五）讲座的评估原则

1. 整体性。即强调对讲座服务的整体评估，综合各个层面的意见和反馈，使之成为全面的、完整的体系。

2. 代表性。评估对象的选择力求具有代表性，在听众群特征、讲座规模、主题等方面能够作为讲座活动的代表。

3. 灵活性。由于不同地区的图书馆发展不平衡，并且讲座的发展也不平衡，因此，评估的方法应具有灵活性，因地制宜、区别对待。

对讲座进行评估应实事求是，通过实实在在的总结评估，梳理成功经验，反思不足和失误，并在今后的工作中加以改进，使讲座工作越办越好。

五、建立讲座服务规范

图书馆讲座经历了快速发展之后，积累了很好的做法和服务特色，对它们进行总结并形成规范，对于全面提升讲座服务能力，提高讲座的影响力具有重要的作用。

（一）讲座职业规范

讲座职业规范是指从事讲座的工作人员应遵守的职业道德规范，良好的职业道德，可以提升馆员的素质，提升服务水平，并转化成服务工作的每个环节。

图书馆讲座服务是图书馆服务工作之一，理应遵循图书馆制定的职业道德规范等，如中国图书馆学会2002年通过的《中国图书馆员职业道德准则

(试行)》等。同时,结合图书馆讲座工作的实际,探索适合讲座工作的服务标准和规范,以提高讲座的整体服务质量。

1. 服务理念。图书馆的一切活动都是以听众需要为驱动,以满足听众需要为其出发点和宗旨,体现人人平等的服务原则,图书馆讲座工作更是如此,只有树立以听众为本的理念,才能形成正确的服务态度,主动创造良好的服务环境,开展优质高效的服务。

2. 责任意识。高度的责任感是做好一切工作的强大动力,它表现为对图书馆讲座工作的深刻理解和认识以及在工作中积极、主动、认真、负责的工作态度。公益讲座是图书馆满足社会公众文化信息需求的重要平台之一,这就要求工作人员认识讲座工作的重要意义,增强责任感,竭尽全力做好讲座工作。

3. 奉献精神。任何职业,如果在事业上要取得成功,都需要具备一定的牺牲、奉献精神,特别是图书馆员,这是由图书馆的公益性、服务性决定的。奉献精神也是图书馆百年精神之一,体现在图书馆众多的馆员身上。图书馆讲座多安排在周末,需要经常加班,这就要求工作人员具有一定的奉献精神。

4. 素养培育。讲座工作人员是具体思考、策划、实施讲座选题的人,某种程度上也对听众起到一定的引导作用,因此,讲座工作人员的基本学科素养和对时政的敏感度、掌握能力对讲座选题的策划起着关键的作用,这就要求讲座工作人员要具备一定的学科知识,并注重自身的学术修养。这种良好的修养涉及了态度、能力和品质等多个方面,讲座工作人员素养的提高,不仅有利于讲座工作持久、高品质的发展,而且对工作人员自身也是一个提升过程。

(二)讲座服务语言、行为、仪表规范

图书馆员的言行体现着图书馆的服务精神和服务理念,从一个侧面反映着图书馆的形象,只有确立讲座服务行为规范,用以影响和约束图书馆工作人员,达成一致的观念和统一的行为,才能以最佳的精神状态和饱满的工作热情为听众提供优质的服务。

1. 服务言语文明亲切

语言是所有服务工作中链接服务主体与客体之间关系的重要介质,也是图书馆馆员与读者交流沟通的重要工具,讲座工作人员的言语方式与态度对听众起着微妙的作用。因此,讲座工作人员应使用文明、礼貌、得体的服务语言为听众服务,态度诚恳,亲切友好,常使用“您好”“请问,有什么可以帮您”

“谢谢”“您请”“好的”等礼貌性用语，尽量避免“不知道”“没有”“不行”等否定性言语，展现图书馆工作人员文明、亲切、和善的良好形象，把听众第一的服务理念真正落到实处。

2. 服务行为适度得体

讲座工作核心是围绕听众的需要和满意而进行的服务工作。因此，工作人员应本着以下三点原则进行：“一是自律，在服务过程中，克己、慎重、自我约束，不妄自尊大；二是适度，适度得体，掌握分寸，不能过分有礼，让人产生距离感，也不能吊儿郎当，甚至傲慢无礼；三是真诚，诚心诚意，热情有礼，周到细致，以诚待人。”①这样做，从单位、组织方的角度来说，可以塑造单位和组织方的形象，提高服务对象的满意度和美誉度，并最终达到提升服务效益的目的。

3. 服务态度耐心细致

由于听众的年龄、层次、素质的不同，在遇到问题时会做出不同的反映，工作人员应耐心细致地进行解释和处理，或及时反映给负责同志，以避免出现争吵的现象。讲座期间，听众如果提出的要求在可解决的层面内，工作人员要积极、热情地给予帮助。如果是比较特殊的需求，应及时汇报上级领导并按照领导指示解决相关具体事项。

4. 仪表端庄大方

仪表反映了人的外在品位，也体现了职业精神和职业要求。讲座工作人员是讲座服务工作的主体，其仪容、业务素养、职业道德水平等，反映了图书馆服务的水平，所传达的是其团队、图书馆的精神面貌。因此，讲座现场的馆员，要有良好的仪容，女性可适度化淡妆，给人以文明、整洁、雅致的良好印象；有条件的图书馆可统一着装，以体现图书馆员工良好的精神风貌与职业素养。

服务是永恒的话题，图书馆讲座服务是讲座品牌的培育重要组成部分，是维系品牌与听众的纽带。所以，应坚持精品意识，提供周到、细致的服务，提供高质量的讲座产品，使讲座的品牌效益得以不断延伸，形成规模效应。

① 王惠君. 基层图书馆公益讲座. 北京：国家图书馆出版社，2011.

第四节 讲座管理原则

一、整体性

任何工作都有整体与局部,就图书馆讲座工作而言,无论是策划、组织还是实施,均应立足讲座工作的全局和长远,体现整体性。如讲座的选题策划,应围绕讲座的定位,既从宏观上关注国家的大政方针,社会热点,也应充分了解本地的文化内涵和文化品质;既要纵向关注本馆讲座的选题,也应横向关注其他图书馆的选题,进而对本馆一个时期内的讲座,如一年、半年或一季度的讲座选题做出安排,这样,才能从宏观视野保证选题策划的整体性。

二、精细性

讲座工作涉及的环节较多,要想打造高质量的讲座品牌,在各个环节都应树立精品意识,做到精心、细心。特别是在讲座的筹备、组织和实施过程中,不要因为讲座经验丰富而忽视各项工作的准备,应将每场讲座都作为第一场讲座来准备,细致周密,服务到位,才能确保讲座的万无一失。以“部级领导干部历史文化讲座”为例,为确保讲座的顺利进行,主、承办单位做到了组织工作周密有序、服务工作细致全面,如讲座前一个月,与主讲专家就讲座内容反复进行沟通,最终确定讲座提纲;精心编辑讲座参考资料,并根据讲座的内容,认真遴选其他专家学者的相关论述提要,拓展思维;讲座前一天,工作人员即把讲座现场布置好,大到讲座课件和实物投影的调试,小到铅笔、茶杯的摆放,并保持精益求精、始终如一。

三、规范性

高品质的讲座来自于严谨高效的运行机制和工作流程的规范,对于讲座工作更是如此。建立讲座工作规范,使讲座的选题策划、联系主讲人、讲座信息发布、讲座现场管理与服务、反馈信息收集与整理、讲座衍生品编辑与出版等,均按照科学规范的工作流程运作,以保持讲座一贯的风格和品质。如上海图书馆制定了《讲座工作流程管理》《上图讲座岗位管理规范》《上图讲座文明服务公约》等,实现了讲座的规范化和专业化管理。南京图书馆的讲座实行项目负责制,对讲座进行统一的业务规范管理,制定了《讲座流程规范》《讲座工作细则》《讲座嘉宾邀请原则》《讲座主讲嘉宾礼仪行为规范》《讲座现场服务细则》《主持人规范》《讲座票务发放规定》《讲座安全应急预案》等工作规范和规章制度。首都图书馆制定了《首都图书馆读者活动举办守则》《宣传策划部读者服务规定》等,这些规范和制度,使讲座工作按照规范的模式顺畅运行。

四、适变性

世界万物是运动的,变化无处不在,无时不有。图书馆讲座举办得成功与否都存在很多不确定性,也经常发生突发的情况,如讲座当天,由于某种原因,不得不取消该场讲座,或讲座不得不延期。此时,应根据实际情况,采取必要的措施,进行应急处置。因此,在讲座流程管理中,在各个环节应备有突发事件应急预案,以便在发生变更时,能够灵活处理。

第五章　公共图书馆讲座发展策略

第一节　公共文化视角下的公共图书馆讲座定位

2005 年 10 月,中共十六届五中全会首次提出“逐步形成覆盖全社会的比较完备的公共文化服务体系”,拉开了我国新时期构建公共文化服务体系的序幕。2011 年 10 月,中共十七届六中全会专题研究文化改革发展,通过了《关于深化文化体制改革,推动社会主义文化大发展大繁荣若干重大问题的决定》,对未来公共文化服务体系建设做出了全面部署。

公共文化服务,通常是指政府公共服务的重要内容,它是指以政府部门为主的公共部门提供的、以保障公民的基本文化生活权利为目的、向公民提供公共文化产品与服务的制度和系统的总称,包括公共文化服务设施、资源和服务内容,以及人才、资金、技术和政策保障机制等方面内容。在目前阶段,公共文化服务主要以满足人民群众基本文化需求为目标,是社会主义文化建设的基本任务。对于应该向人民群众提供哪些公益性文化产品,中办、国办曾在《关于加强公共文化服务体系建设的若干意见》中提到的“切实保障人民读者看电视、听广播、读书看报、进行公共文化鉴赏、参加大众文化活动等基本文化权益”和“逐步解决农民读者收听收看广播难、看书难、看电影难的问题”。可见,公共文化服务内容单一,数量不足,产品内容本身可选择性较少,不能满足众多群众需求。综合各类文化新闻可发现,一是基层人民群众对高雅艺术的需求呈上升趋势,参与文化活动的积极性越来越高;二是随着信息技术的广泛应用和各地智慧城市建设的深入推进,通过手机、网络终端获取文化信息的需求大幅度增加。三是企业和民间文化机构等社会力量参与公共文化服务的积极性空前提高。

公共图书馆讲座作为一种直接面向各类人民群众的图书馆服务既是传统服务业务,也是社会服务的一部分,更是公共文化服务的重要组成部分。上海市图书馆行业协会会长、原上海图书馆馆长吴建中在接受《数字图书馆论坛》采访时表示:“从国际图书馆发展的大趋势来讲,以前重流通指标,比如图书的借阅量有多大,现在更重社会活动的指标,比如,有多少阅读活动,多少讲座和展览,多少研讨和交流活动等。如今更强调图书馆作为城市第三空间的作用,让读者来到图书馆参与更多的社会交流活动。”①讲座以其学术性、知识性和互动性越来越成为图书馆读者服务的重要途径,在图书馆业务工作中已经由原来的边缘性走向主导性,成为图书馆不可或缺的读者服务工作之一。既能让读者享受到公共文化服务,实现读者的基本文化权益,满足他们的精神需求,也能向社会展示图书馆公共文化服务的能力,取得很强的社会影响与效益。

第二节　公共图书馆讲座面临的挑战与机遇

今天的公共文化机构(图书馆),不仅需要有传统服务方式和手段,还需要有数字资源提供能力和远程服务能力;数字图书馆、数字博物馆、数字文化馆、移动阅读、掌上服务等等,改变的不仅仅是文化的载体形式,更是在改变着人们利用公共文化服务设施、享受公共文化服务的方式。同理,在图书馆讲座中如何实现和科技的融合,化挑战为机遇,是图书馆讲座面临的时代任务。现代信息技术的应用创新了图书馆讲座服务的方式与手段。2014 年底,国家图书馆尝试开发“部级领导干部历史文化讲座”视频库。“以文为心,以史为鉴,探求国家兴衰起伏背后的社会发展规律,增强部级领导干部治国理政能力。”这是“部级领导干部历史文化讲座”创办的初衷。到 2015 年底,“部级领导干部历史文化讲座”已经持续了 14 年,成功举办近 200 余期,吸引中央国家机关以及中直、北京市、解放军驻京单位的部级领导干部两万余人次出席。“部级领导干部历史文化讲座”视频库这套展示管理系统以国家图书馆的数字资源为依托,以专业的咨询服务团队为支撑,依据图书馆资源建设、服务的标准和规范,全面整合部长讲座的数字资源,为各类用户提供数字化服务的平台。用户可通过该平台,在权限范围内,在网页端十分方便快捷地浏览到十余年来的部长讲座信息及视频。

2011 年,微信作为智能手机的一款应用程序出现在人们面前,腾讯广州研发部总经理助理周颢曾表示:“在短短 10 个月时间内从零迅速发展到 5000 万用户,创造移动互联网历史上的纪录。”②目前很多高校的官方微信公共平台中可以通过“通知”“讲座”“学术报告”等关键词查询近期校园学术报告的

① 顾晓光. 拥书权拜小诸侯. 北京:海洋出版社,2014.

② 微信之道:至简. http://djt. qq. com/event/11.

日程安排和报告简介等。有的还专门开设了讲座的微信公众号，如复旦大学讲座微信号就以“第一时间分享复旦最新讲座信息”作为自己的介绍。越来越多的讲座通过图书馆的官方微博、微信公共账号直接进入了读者的视野。甚至出现了微信群讲座①，提前通过网络或媒体预告讲座大纲及主讲人简介，并公布微信公众号。听讲者需回复报名后按照系统提示进入讲座及交流界面。这样的讲座形式使读者获得的信息更为个性化，也更为便捷和公平。

一、读者阅读习惯的改变催生出图书馆讲座的“线上”与“线下”的转换

2014 年底我国网民已达 6.49 亿人，人均每周上网 26.1 小时。据第十二次全国国民阅读调查数据显示，受数字媒介迅猛发展的影响，数字化阅读方式（网络在线阅读、手机阅读、电子阅读器阅读、光盘阅读等）的接触率为 58.1%，较 2013 年的 50.1% 上升了 8.0 个百分点。通过进一步对各类数字化阅读载体的接触情况进行分析发现，2014 年我国成年国民的网络在线阅读、手机阅读和光盘阅读接触率均有所上升，电子阅读器阅读接触率略有下降。具体来看，2014 年有 49.4% 的成年国民进行过网络在线阅读，较 2013 年的 44.4% 上升了 5.0 个百分点；51.8% 的成年国民进行过手机阅读，较 2013 年的 41.9% 上升了 9.9 个百分点；2.0% 的成年国民用光盘阅读，比 2013 年的 0.9% 上升了 1.1 个百分点；5.3% 的成年国民在电子阅读器上阅读，较 2013 年的 5.8% 下降了 0.5 个百分点；9.9% 的成年国民使用 Pad（平板电脑）进行数字化阅读。对微信使用情况的考察发现，有 34.4% 的成年国民在 2014 年进行过微信阅读，在手机阅读接触者中，超过六成的人（66.4%）进行过微信阅读②。

从新兴媒介来看，人均每天互联网接触的时间最长。2014 年我国成年国民人均每天互联网接触时长为 54.87 分钟，比 2013 年的 50.78 分钟增加了 4.09分钟；人均每天手机阅读时长为 33.82 分钟，比 2013 年的 21.70 分钟增加了 12.12 分钟；人均每天电子阅读器阅读时长为 3.79 分钟，比 2013 年的

---

① 微信群讲座：知名经济学家纵论下一个经济奇迹. http://mt.sohu.com/20150503/n412300179.shtml（2015.5.7）.

② 第 12 次全国国民阅读调查报告解读 http://book.ifeng.com/a/20150504/14604_0.shtml

2.26分钟增加了1.53分钟。2014年新增对Pad(平板电脑)接触时长的考察,数据显示,我国成年国民在2014年人均每天接触Pad(平板电脑)的时长为10.69分钟[①]。

数字化阅读方式将会以更加快速的发展势头融入人们生活。数字化阅读方式在人们的日常生活中随处可见,并且将会以更加快速的发展势头融入人们的生活。数字阅读发展如此之快,推动着阅读的又一次变革。如何积极主动应对新技术、新媒体造成的公共文化需求的多元化、网络化、虚拟化趋势,加大高新技术应用,认真研究网络公共服务、手机公共服务、移动公共服务等问题,促进讲座及其延伸服务的有效覆盖成为图书馆面临的重要课题。自2012年起,MOOC(慕课)这一新兴的网络教学形式开始迅速流行于全球。由于MOOC把学校中的课堂移植到了互联网环境中,将其转化成碎片化、更适合在线学习的形式,免费供全世界的人们学习,因而为成千上万甚至是十几万人在世界各地同时学习同一门课程提供了可能。另外,MOOC还超越了传统在线公开课的局限。它不只为人们提供涵盖了各个学科的课程,还会为人们提供一个可以讨论和分享的平台。比如果壳网在2013年成立了"MOOC学院",不到一年就成为了集合资源最全面、学习者最多的MOOC中文社区。有近40万的活跃学习者在MOOC学院分享笔记、点评课程、成立学习小组、寻找志同道合的学习伙伴。这不仅有利于知识在群体间的流动,还使学习变得更社会化以及更有效率。

2015年4月23日,为满足读者新需求,给读者提供一种新的获取信息、学习知识的方法,国家图书馆在开展各项传统讲座以及文献服务基础上,寻求传统图书馆与数字图书馆的融合发展,借鉴"慕课"的大规模、开放、在线理念,创建"国图公开课"(http://open.nlc.gov.cn/)。国家图书馆副馆长魏大威在接受采访时坦言,"国图公开课"课程设置的理念为"多用短视频,使读者能够利用碎片时间进行学习;利用社交媒体,可以实现学习者之间的互动"。从形式上看,国图公开课以专题形式设置课程,采取线上线下相结合的互动模式开展。在线上,与MOOC类似,国家图书馆为用户提供海量免费公开课,人们可以便捷地免费浏览观看相关内容。除此之外,用户还可以在线下参与公开课举办的一系列相关活动。比如"国图公开课"将在线下举办诸如"阅读

① 第十二次全国国民阅读调查数据在京发布. http://www.chuban.cc/yw/201504/t20150420_165698.html(2015.5.4).

之旅”类的活动,将该活动的过程拍摄成课程,并分享于公开课的平台上,实现读者之间的互动与交流。同时,“国图公开课”网站秉承开放理念,广大读者可直接访问观看相关内容,另外,用户可利用个人 QQ、新浪微博等社交网络账户进行关联登录,参与互动话题讨论、记笔记、参加线下活动①。

在回答“国图公开课与国家图书馆以往的讲座如‘文津讲坛’有什么不同?与其他机构推出的公开课又有什么区别?”这一问题时,国家图书馆馆长韩永进答:国图公开课作为一种网络学习平台,它与传统讲座的不同之处在于能更好地适应网络传播的形式。国图每年有 200 多个讲座,但毕竟到场的听众有限,传播面也很有限。国图公开课借助互联网传播,可以说,为传统讲座插上了一双翅膀,使知识的传播面和覆盖面有了质的改变。最为关键的是,国图公开课可以发挥网络的特点,实现线上和线下的互动,除了讲课视频以外,还会引导读者进入国家总书库,阅读相关书籍、浏览相关文献、使用相关数据库,并且还有老师答疑等互动环节,以满足大家的求知欲。通过学习某个知识点,调动起大家学习的积极性,以开展更深层的学习,这是我们希望实现的目标。有一点需要说明,国图公开课不仅是国家图书馆的公开课,还是一个开放的平台,可以整合全国图书馆系统和其他领域方方面面的资源,以丰富公开课的内容。

二、面对西方文化冲击,构建社会主义核心价值体系带来的挑战与机遇

改革开放以来,中国文化一直处于加速转型之中,西方文化的冲击加快了这一进程,使得国人的价值信仰、生活态度、道德观念都发生了巨大变化。价值观作为文化的灵魂,涉及人们对生活的意义、目的等终极关怀的理解,也决定着人们的道德理想、思维方式、生活态度乃至审美取向。不同民族因不同的传统、制度等形成的不同的文化价值观,是区分不同文化和文明类型的重要标志。价值观是文化塑造心灵、引领风尚、服务大众、推动社会健康发展的重要力量,是民族凝聚力的重要源泉,更是民族共有的精神家园。中共十七届六中全会通过的“决定”提出文化改革发展以构建社会主义核心价值体系为根本任务,深刻地揭示了社会主义核心价值体系在文化建设中的灵魂作

① 国图公开课:“互联网 + ”时代下的全民学习. http://news.xinhuanet.com/2015-04/21/c_1115037969.htm(2015.5.4).

用,体现了对文化建设规律,以及当代意识形态错综复杂的博弈与发展状况的深刻认识。构建社会主义核心价值体系,为未来公共文化服务体系建设提出重大的挑战,也创造了新的发展机遇。图书馆讲座选题很多都侧重优秀传统文化的弘扬与发展,如很多讲座主题突出,定位明确,比如“部级领导干部历史文化讲座”,就鲜明地定位在“历史文化”,很多讲座即使名称中没有涉及这几个核心字眼,但在策划过程中也都有对历史文化的考虑,并坚持使其成为一大板块或体系性内容。图书馆讲座在润物细无声中起到了强化对社会转型中人们的思想道德、思维方式、价值观念的影响和引领作用。

第三节　公共图书馆讲座发展策略

党的十八大指出,“要加强重大公共文化工程和文化项目建设,完善公共文化服务体系,提高服务效能”。服务效能是指政府向公众提供公共服务的能力和水平。在西方公共管理理论和实践中,效能通常表述为“4E”——经济(Economy)、效率(Efficiency)、效益(Effectiveness)和公平(Equity),即“用尽可能低的成本,做正确的事情,并且高效率完成公共服务要均等化提供[①]”。服务效能的提出,从理念上实现了服务手段和服务目标的统一。相对于传统的绩效,效能更强调能力建设与提升绩效之间的匹配度,更加关注把服务能力高效转化为服务效益。

图书馆讲座服务面向广大读者,大多为公益性讲座,具有鲜明的公共文化服务特色。

一、加大经费投入

提升图书馆讲座的服务效能,经费投入上,需要进一步明确讲座业务在图书馆业务建设中的作用,将讲座视为一项重要的公共文化产品和服务项目、并将其纳入重点预算,建立持续稳定的讲座服务工作经费运行保障机制。推行以人为本、读者参与的考评管理。强化读者对讲座服务的监督责任,以读者需求为导向,研究制定读者讲座服务满意度指标,加大读者满意度测评方式的应用,以指导讲座经费的投入比例。引导和鼓励社会力量参与讲座服

① 曾狄.政府绩效管理创新及其基本原则.四川行政学院学报,2004(5).

务，鼓励和扶持民间资本进入讲座服务领域。可逐步向民营企业和民间组织开放，鼓励支持其参与讲座或延伸服务。如2013年加多宝集团作为第八届文津图书奖及文津读书沙龙系列活动的独家支持单位，向国家图书馆捐赠了阅读推广公益金300万元；国家图书馆向其颁发了“国家图书馆中华传统文化传承卓越贡献奖”荣誉奖牌和证书，以此表彰该集团对推动全民阅读和中国传统文化传承所做出的贡献①。

二、加强队伍建设

讲座工作人员是思考、策划、组织、实施讲座的工作人员，是开展讲座工作的核心要素。建立健全讲座人才培养的政策措施和制度保障，确定图书馆馆内人员具体从事讲座等非传统核心业务的编制比例标准，建立讲座工作人员专业能力评价制度。日常需培养讲座工作人员的基本学科素养和对时事政治、社会热点的敏感度。一是培养良好的人文社会学科素养，广涉文、史、经、哲等方面的知识，力求做到“博”而“专”。在策划讲座选题时，能够驾轻就熟，游刃有余。二是创新能力的培养。面对读者日益增长的文化新需求，必须加强创新能力的培养，努力在工作实践中开拓思路、活跃思维，不断促进讲座内容和形式的创新。三是应具有较高的社会责任感和奉献精神。公益讲座是图书馆的核心业务之一，也是满足社会公众文化信息需求的重要平台之一，竭尽全力做好讲座工作，是讲座工作者的责任。四是加强讲座专业人才的培养和专职岗位的培训，提高专业队伍的整体素质。五是在条件具备时举办经常性轮岗培训，并依托文化志愿服务制度，建立一支专兼职结合的讲座策划服务队伍。

三、加大资源供给

东部一些省市级图书馆的讲座，经过十几年的发展，积累了丰富的资源，取得了良好的成效。而在讲座资源匮乏的基层图书馆或刚刚起步的图书馆，社会资源极其有限。尤其是很多地方缺少适合基层读者需要的讲座资源，特别是缺乏对当地民族民间文化资源的挖掘和利用，难以对读者形成真正的吸引力和影响力。另外当前针对老人、少年儿童、残疾人、农民工和边疆民族地区读者的公共文化资源和讲座活动普遍偏少。因此，首先加强顶层设计，明

① 加多宝赞助国图图书推介活动. 中国文化报，2013年5月13日.

确各级图书馆讲座的功能定位,对已经开展的图书馆讲座进行全面总结,借助讲座联盟平台,加强成员馆间的合作,通过统筹规划、优势互补、错位发展,形成文化发展合力,实现讲座资源共享,这是图书馆做大做强公益讲座的保障。既可以使讲座资源得到充分利用,也可以使讲座的服务不断延伸,带动基层图书馆讲座事业的发展。其次,将对地方文化资源的发掘和利用与图书馆讲座相结合,借鉴杭州图书馆"文澜大讲堂我来做主讲"的做法①,为广大读者搭建广阔舞台,让读者在图书馆讲座这一基层文化活动中唱主角,努力激发读者内在的文化活力,影响和带动基层讲座活动的长期开展。此外,讲座资源的后期整理和开发至关重要,它能够使现场讲座突破时空的限制,产生广泛、持久、深远的影响,被视为树立与推广讲座品牌的重要途径。然而,同一类型的讲座选题其文字、视频等后期产品往往分散在各主办单位,难以系统性地整理和开发。这就需要各馆联手,整合相关讲座产品,共同进行开发,共享开发成果。同时,各馆在彼此采选收藏讲座产品方面开展合作,整合优秀讲座资源,服务当代社会。

四、加强讲座资源的共建共享

从世界范围看,加强区域内合作,在区域合作中促进各国的共同发展是当今一个重要趋势。对图书馆来说也是如此,以合作促发展,已成为图书馆事业发展的理念,它代表的是进步、趋势。特别是在新的时代背景下,人们的学习习惯越来越呈现网络化、碎片化的特点,给图书馆讲座工作带来了新的转型要求。因此,加强图书馆的合作,形成文化发展合力,是促进讲座发展的重要途径。

(一)深化讲座联盟,实现资源共享

一些省市级图书馆的讲座,经过十几年的发展,积累了丰富的讲座资源,取得了良好的成效。而在讲座资源匮乏的基层图书馆,没有建立讲座选题的人脉关系,社会资源极其有限。因此,借助全国公共图书馆讲座联盟平台,加强成员馆间的合作,通过统筹规划、优势互补、错位发展,形成文化发展合力,实现讲座资源共享,这是图书馆做大做强公益讲座的保障。既可以使讲座资

① 杭图"我来做主讲"挺热闹,7位"草根学者"昨日拼抢讲台. http://hznews.hangzhou.com.cn/wenti/content/2013-01/28/content_4583750.htm(2015.5.7).

源得到充分利用,也可以使讲座的服务不断延伸,带动基层图书馆讲座事业的发展。

(二)整合优秀讲座资源,服务当代社会

讲座成果的整理和开发至关重要,它能够使讲座突破时空的限制,产生广泛、持久、深远的影响,因此被视为树立与推广讲座品牌的重要途径。各馆举办的讲座丰富多彩,如果将同一类型的讲座选题,或者是同一类型的选题由不同的学者从不同的角度进行解读,这些讲座的整合和开发,将取得事半功倍的效果。然而,由于讲座的文字、视频等后期产品分散在各主办单位,难以系统性地整理和开发,这就需要各馆联手,整合相关讲座产品,共同进行开发,共享开发成果。同时,各馆在彼此采选收藏讲座产品方面开展合作,能够为讲座成果持续稳定地开发提供保障。此外,还可通过在线播放的方式,逐步将图书馆的讲座品牌延伸到网络阵地。借鉴国内外知名高校开设 MOOC 课程的做法,积极整合已有的讲座资源,主动策划、制作和发布具有图书馆特色的讲座公开课,使优秀的讲座资源,服务当代社会。

图书馆讲座的开展,有效地保障了读者享有基本的公共文化权益,体现了公共文化资源分享的公平性问题,也提高了公共文化资源的利用效率,是践行构建公共文化服务体系的一个重要环节。我们相信,在讲座组织者的精心策划下,丰富多彩的图书馆讲座,必将在传播中西方优秀文化,满足人们学习新知识和提高综合素质的要求,推进学习型社会建设等方面发挥越来越重要的作用。

附　　录

附录一:征求意见表

征求意见表(范本)

姓名:____________ 单位:________________

领导同志:

您好!请您在讲座结束时填写这份征求意见表,以便我们更好地做好这项工作。

一、请在要选择的选项前○内划"√"。

您对本次讲座

○很满意 ○满意 ○有待改进

二、本次讲座点评

三、您对今后讲座选题有何建议?

四、** 年第 ** 期讲座定于 ** 月 ** 日,由 *** 先生主讲,题目是《******》。您对该讲座在内容和形式等方面有何具体建议?**

附录二:讲座意见统计表

讲座意见统计表(范本)

一、参加人数、回表率

参加人数	填表人数	回表率
人	人	%

二、对本次讲座表示

很满意	满意	有待改进	其它（无选择,但有意见）
人	人	人	人
%	%	%	%

三、对本期讲座的意见

序号	单位	姓名	意见
1			
2			

四、对下期讲座的建议

序号	单位	姓名	意见
1			
2			

附录三:选题策划调研表

*********讲座选题策划调研表(范本)

填表人姓名	
工作单位	
联系电话	
电子邮件	
您对****年讲座的评议	
您对****年讲座选题的建议	

附录四：专家推荐表

推荐专家表(范本)

*** 先生：

为了能够邀请到国内外相关领域公认的最有影响和造诣的资深专家，保证部级领导干部历史文化讲座的高层次、高品位、高水准，诚邀您推荐研究领域内有影响、有造诣、学识渊博、善于表达的资深专家。如能推荐，不胜感激。

序号	专家姓名	现任职单位	专业领域	建议讲座题目	电话或邮件（酌情）
1					
2					
3					